Katja Berlin/Anika Decker

Nachrichten von Männern

KATJA BERLIN & ANIKA DECKER

Nachrichten von Männern

Ullstein

Besuchen Sie uns im Internet:
www.ullstein.de

Originalausgabe im Ullstein Taschenbuch
1. Auflage Februar 2021
© Ullstein Buchverlage GmbH, Berlin 2021
Umschlaggestaltung: Favoritbuero GbR – Bettina Arlt
Foto der Autorinnen: © Edith Held, Berlin
Satz: Pinkuin Satz und Datentechnik, Berlin
Gesetzt aus der Albertina und Eckhart
Druck und Bindearbeiten: GGP Media GmbH, Pößneck
ISBN 978-3-548-06378-2

Für uns

Inhalt

Vorwort 9

Der Ghoster 13

Nachrichtenromantik 19

Der Zombie 25

Das Enigma 29

Die Hassliebe 33

Der Einsilbige 37

Der eklige Sexter 41

Die Diagnose 44

Der Soap-Fan 49

Die Mitternachtsnachricht 53

Die Kleinmachung 57

Der Fopper 62

Der Einkaufszettel 66

Das Ave-Maria 70

Solotasking 76

Der Autoverkäufer 80

Der Chatsetter 86

Der Liker 90

Der Talkshowgast 93

Die Auster   98

Der Emojimann   103

Der Wutausbruch   107

Der Nette   116

Scheinfühlsamkeit   119

Der Schicksalsschlag   124

Der Narr   129

Der Bencher   133

Der Meister-Manipulator   138

Geteiltes Leid   143

Die Massenkarambolage   150

Ich-Botschaften   154

Die Volkshochschule   160

Die Singlemachmaschine   164

Ausweichmanöver   168

Die Herrklärung   173

Die unbeirrbare Klette   179

Der Dickpicer   184

Vorwort

Die Idee für dieses Buch kam uns während einer Taxifahrt durch Berlin. Wir sprachen über zwei WhatsApp-Nachrichten von Männern, die wir gerade bekommen hatten, und entdeckten dabei erstaunliche Parallelen zu früheren Textnachrichten von anderen Männern. Woher kamen diese Ähnlichkeiten? Gibt es irgendwo ein Downloadportal mit SMS-Vorlagen für Herren? Oder handelt es sich hier um eine Art literarisches Genre, dessen Kategorisierung längst überfällig ist?

Wir entschieden uns nach kurzer Internetrecherche für Letzteres und begannen, unsere Nachrichteneingänge und die unserer Freundinnen zu durchforsten. Endlich waren all unsere Datingkatastrophen und Schlussmach-SMS für etwas gut. Weil so viel Kommunikation mittlerweile über Textnachrichten läuft, hatten wir Zugriff auf einen enormen Fundus. Im Grunde haben wir für dieses Buch über zwanzig Jahre recherchiert. Wir fühlten uns wie Archäologinnen vor einer riesigen Tempelanlage, die nur darauf wartete, von uns ausgegraben zu werden. Nur bestand unsere Tempelanlage aus Zwinkersmileys, Ausrufezeichen und alten Screenshots.

Wir wühlten uns durch SMS, WhatsApps, Tindermessages und E-Mails. Dazu kamen zahlreiche Nachrichten von männlichen Vorgesetzten, Kollegen, Bekannten und Unbekannten. Am Ende konnten wir über dreißig Subgenres der Gattung »Nachrichten von Männern« ausmachen.

Dabei ging es uns nicht nur um die Klassifizierung, sondern auch darum zu verstehen. Und zwar nicht die Männer, sondern uns. Warum bereitete uns diese Mail vom Chef solche Magenschmerzen? Warum ist dieser eine Ex in seinen Nachrichten so viel schöner als in der Realität? Warum schreiben wir diesem komischen Typen immer noch? Und warum zum Teufel rufen wir nicht einfach an?

Unser Buch ist also Interpretationshilfe und Therapieeinheit in einem geworden. Es soll euch dabei unterstützen, den zahlreichen Quatsch in eurem Posteingang richtig einzuordnen und adäquat darauf zu reagieren, sodass ihr euch danach Wichtigerem zuwenden könnt. Nachrichten von Freundinnen zum Beispiel. Vielleicht hilft es euch auch zu lesen, dass ihr nicht die Ersten seid, die diese eine unfassbar bescheuerte Nachricht erhalten habt. Wir haben die bestimmt auch schon bekommen. Mehrmals.

Zum Schluss noch ein Hinweis zu unseren Verallgemeinerungen: Wenn wir »wir« schreiben, meinen wir natürlich ausnahmslos alle Frauen auf der ganzen Welt, und mit Männern meinen wir auch alle Männer. Einfach, weil wir uns schon auf die vielen »Not all men!«-Nachrichten freuen. Wir brauchen ja was fürs nächste Buch.

Im Januar 2021 Anika und Katja

Der Ghoster

Hey, na, wie sieht's aus mit heute Abend?
(Mittwoch, 10:48 Uhr)

Bin gerade beim Einkaufen.
Weißwein oder Rotwein?
(Mittwoch, 17:03 Uhr)

Huhu, alles okay bei dir?
(Mittwoch, 21:15 Uhr)

Joshua???
(Freitag, 22 Uhr)

Der Weißwein war hervorragend! Der Rotwein
aber auch. Du hast einen superwitzigen Karaoke-
Abend bei mir verpasst! Bin jetzt ein bisschen
verkatert, melde mich später wieder! Bussi
(Samstag, 15:37 Uhr)

Und? Was geht ab?
(Mittwoch, 10:12 Uhr)

Hi Josh, sorry, dass ich mich jetzt erst melde,
musste mir erst eine neue Nummer besorgen,
weil du meine alte geblockt hast. Na, wie läuft's
auf der Arbeit?
(Freitag, 16:42 Uhr)

Ich hoffe, du bist nicht enttäuscht. Es liegt
nicht an dir, es liegt an mir, aber ich muss das
zwischen uns jetzt leider beenden. Du klammerst
ein bisschen, fühle mich eingeengt. Nichts für
ungut, ich wünsche dir alles Glück dieser Welt.
Umarmung! PS: Keine Angst, unser Kontakt bleibt
natürlich weiterhin bestehen!
(Montag, 11:35 Uhr)

Hey, Justin, ich hoffe, ich will nicht nerven, aber
wir waren jetzt ein paar Monate zusammen, und
du antwortest mir nicht mehr. Ich bin mir sicher,
dass alles an mir liegt. Deswegen ist es natürlich
total in Ordnung, dass ich die nächsten zehn Jahre
mit hundertachtzig Selbstzweifeln aufwache und
bei meinen nächsten Dates nach drei Gläsern
Weißwein ausgiebig von meinen *trust issues* erzählen werde, bevor ich dann in mein viertes Glas
weine. Oder mitten beim Sex mit dem Neuen.

So schlimm manche Nachrichten von Männern auch sein können, keine Nachrichten sind unter Umständen auch nicht besser. Ghosting nennt man das heutzutage, wenn sich jemand auf einmal nicht mehr meldet. Derartige Kontaktabbrüche gab es wahrscheinlich schon immer hier und da. Durch Online-Dating hat es sich allerdings zu einer echten Plage entwickelt. Das Verhalten ist mittlerweile so verbreitet, dass es dafür ein eigenes Wort gibt. Buhu!

Eine Dating-Faustregel, die alles einfacher macht, lautet: Wenn er dir auf einmal nicht mehr antwortet, ist er höchstwahrscheinlich einfach gestorben. Wer sich das glaubhaft einreden kann, ist emotional definitiv auf der sicheren Seite. Den anderen 99,9 Prozent der Nicht-Nachrichten-Empfängerinnen sei gesagt, dass Ghosting leider genauso zur modernen Kommunikation gehört wie unerwünschte Dickpics oder dieser schmierige Smiley mit herausgestreckter Zunge.

Unsere Art der Kommunikation macht einem das Ghosting nämlich viel zu leicht. Wer die Konfrontation scheut, kann sich ihr problemlos entziehen. Gerade in der Anfangsphase telefoniert ja niemand mehr mit seinen Dates. Das erste Telefonat ist heute das, was früher das Elternkennenlernen war. Wenn ihr danach außerdem noch eure Festnetznummern austauscht, seid ihr so gut wie verlobt. Das ist dann aber auch schon die Obergrenze. Wer mal eben spontan bei jemandem vorbeigeht und klingelt wie in den

Neunzigern, muss sich nicht wundern, wenn er aus der Ferne Polizeisirenen näher kommen hört.

Stattdessen schreiben wir uns heutzutage Textnachrichten, schicken Fotos oder Sprachnachrichten, wenn wir richtig schamlos sind (oder betrunken). Darauf nicht mehr zu antworten, ist ein Kinderspiel. Und ständig werden neue Apps entwickelt, auf denen er dich ignorieren kann. Dir bleibt nicht mal mehr die Hoffnung, dass er eventuell nur das Telefon verloren hat oder deine Nummer durch ein Computervirus/Zufall/Missgeschick aus seinem Adressbuch gelöscht wurde. Wir sind fast alle über Facebook, LinkedIn, Xing, Twitter, Instagram oder unseren Arbeitgeber innerhalb einer Nanosekunde zu finden. Wer uns erreichen möchte, erreicht uns.

Ghosting ist für viele Menschen (m/w/d) nur leider die einfachste Möglichkeit, jemandem mitzuteilen, dass sie kein Interesse an weiterem Kontakt haben. Wenn wir sehr tief in uns hineinhorchen, wird wahrscheinlich fast jede von uns zugeben müssen, sich irgendwann auch mal bei jemandem nicht mehr gemeldet zu haben, der sich das gewünscht hätte. Wir haben das vielleicht nur nicht mehr so präsent, weil es eben nur auf der einen Seite schmerzt. Auf der anderen Seite ist es zwar stillos, aber auch einfach sehr, sehr bequem. Es ist quasi die Jogginghose unter den Schlussmacharten.

Das macht es trotzdem nicht besser. Wer sich einfach ohne Erklärung aus dem Staub macht, ist eine ehrlose Kackwaffel. Das wird man ja wohl noch sagen dürfen.

Wenn du nun an so einen rückgratlosen Geistermann geraten bist und leider trotzdem noch Interesse an ihm hast, dann hilft dir eigentlich nur eine traumafreie Kindheit, die dir eine stabile Selbstliebe und eine gesunde Bindungsfähigkeit vermittelt hat. Mit anderen Worten: Du bist verloren. Ghosting triggert alle Verlustängste und Selbstzweifel auf allerhöchstem Niveau. Es wäre also vielleicht ein guter Zeitpunkt, um die längst überfällige Therapie anzufangen, vor der du dich schon so lange drückst.

Falls du im Zuge dessen auch die ganzen Konflikte mit deiner Familie aufarbeiten möchtest, kann Ghosting hierbei immerhin gute Dienste leisten. Wenn du wie verrückt auf eine Nachricht von diesem Mann wartest und dein Telefon dann endlich, endlich piept, kann ich dir jetzt schon sagen, wer dir da mit fast einhundertprozentiger Wahrscheinlichkeit geschrieben hat: deine Mutter.

Üblicherweise lautet der Ratschlag für Ghostingopfer, dieses Verhalten stillschweigend zu akzeptieren. Vor allem Frauen gelten schnell als klammernde Hysterikerinnen, wenn sie es nicht einfach so auf sich beruhen lassen wollen, dass der Mann, mit dem sie seit drei Wochen schlafen, sich auf einmal nicht mehr zurückmeldet. Scheiß drauf!

Wenn dir danach ist und du deine Verletztheit oder Wut loswerden möchtest, melde dich ruhig beim

Ghoster. Schreibe ihm, dass dir sein Verhalten wehtut oder dass du ihn zur Hölle wünschst. Gerne auch zehnmal, wenn dir danach ist. Oder zwanzigmal, bis er deine Nummer blockiert. Who cares? Derjenige, der sich ausgedacht hat, dass man sich in einem solchen Fall bitte schön nicht aufdrängen darf, war mit Sicherheit selbst ein Ghoster, der keinen Bock hat, für sein Verhalten zur Rechenschaft gezogen zu werden.

Schreibe ihm eine detailgenaue Anleitung, wie er dich auf allen Kommunikationswegen erreichen könnte. Wie genau ruft man noch mal jemanden an? Wie tippt man Buchstaben in sein Handy? Vielleicht hat er das ja nur vergessen. Oder du schreibst ihm, wie leid es dir tut, dass ihm alle Finger und Zehen und die Zunge amputiert wurden und er sich deshalb völlig verständlicherweise nicht mehr melden kann. Wünsche ihm gute Besserung.

Du kannst ihm natürlich auch beides hintereinander schicken plus die unlustigsten Bilderwitze aus deiner WhatsApp-Familiengruppe. Wer bitte hat denn angefangen, sich wie ein Kleinkind zu benehmen?

Nachrichten-
romantik

Hey Süße. Es ist so schön, von dir zu hören.
Ich denke immerzu an dich. Immer wieder
frage ich mich, ob es dir wohl gut geht. Du
wirst immer in meinem Herzen sein, ich habe
noch nie einen Menschen wie dich getroffen.

> Liebster, mir geht es genauso. Hoffentlich
> lernen wir uns bald persönlich kennen!

Weißt du noch, wie wir uns heute
vor fünf Jahren im Regen geküsst haben?
Haha, daran werde ich noch denken,
wenn ich ein alter Mann bin.

> Oh man, Luis. Wir wollten doch
> aufhören, uns zu schreiben. Seufz.
> Wie geht es dir?

Online-Dating hat vieles einfacher gemacht. Wie viele Abende haben wir früher vergeblich in Bars rumgehangen, nur um jemanden für die Nacht oder sogar fürs Leben zu finden? Was hätten wir in der Zeit nur alles an guten Netflix-Serien gucken können? Machen wir uns aber nichts vor. Online-Dating hat auch jede Menge neue Probleme geschaffen, beziehungsweise exorbitant vervielfacht: Benching, Ghosting, Submarining, Orbiting, Zombieing, Stashing, Love Bombing, Breadcrumbing, Hyping und andere üble Maschen, die man erst im *Oxford Dictionary* oder in der *Brigitte* nachschlagen muss. Vor einer Sache können wir aber einfach nicht genug warnen: der Nachrichtenromantik. Textnachrichten bieten eine optimale Projektionsfläche für unsere Wünsche und Bedürfnisse. Wir sehen weder die Mimik noch die Gestik vom Absender, sondern nur das, was wir sehen wollen. Mit Textnachrichten können wir eine vermeintliche Nähe so schnell aufbauen, wie es im analogen Leben nur mithilfe von sehr viel Schnaps möglich ist.

Diese Scheinintimität kann dazu führen, dass du dich in deine Idealvorstellung eines Mannes verliebst und gar nicht in Thorsten, mit dem du dir in Wirklichkeit textest. Egal, was Thorsten schreibt, du wirst seine Worte noch verkitschter interpretieren als *Le Petit Prince* damals in der Französischklausur. Wenn Thorsten seinerseits dann auch noch in dieselbe Falle tappt, ist das Desaster perfekt.

Es ist im Grunde dasselbe Prinzip wie in deiner

Teenie-Zeit, als du noch in Robbie Williams, Paddy Kelly, Nick Carter oder Justin Bieber verliebt warst. Du hattest keine Ahnung, wie der Typ eigentlich drauf ist, aber du wusstest trotzdem, dass ihr füreinander geschaffen seid und du ihn heiraten wirst. Würdest du jetzt, ein paar Erfahrungen später und ohne *Bravo*-Abo, immer noch gerne einen dieser Männer heiraten? Ich hoffe, nein. Ansonsten ist der Chat mit Thorsten eventuell doch nicht dein größtes Problem im Moment.

Nachrichtenromantik fängt meistens harmlos an und steigert sich dann in einen Liebeswahn wie aus einer Wagneroper. Vielleicht habt ihr euch kurz auf einer Party kennengelernt, vielleicht auch bei einer Dating-App gematcht. Wenn du gerade emotional gelangweilt bist und offen für einen kleinen Flirt, wirst du auf Thorstens »Hi, na? :)« vielleicht sogar ohne deinen üblichen Fünf-Stunden-Abstand antworten, und innerhalb der nächsten zwanzig Minuten werdet ihr siebenundfünfzig Nachrichten ausgetauscht haben. Im ersten Schritt bleibt es beim oberflächlichen Geplänkel, dann geht es abends nach einer kurzen Pause weiter, ihr trinkt beide ein, zwei Gläser Wein dazu und schreibt immer länger und persönlicher. Noch vor Mitternacht erkennst du, dass du endlich deinen Soulmate gefunden hast, und nach einem weiteren Glas Wein schmiedet ihr Pläne für euer gemeinsames Leben in Neuseeland.

Bei eurem ersten Date drei Tage später wirst du

dann feststellen, dass du mit Thorsten nicht nach Neuseeland auswandern möchtest. Du möchtest nicht einmal das große Bier austrinken, das du dir gerade bestellt hast. Du möchtest eigentlich nur nach Hause rennen, Robbie-Williams-Songs hören und heulen, weil du diesem seltsamen Typen, der so unangenehm riecht, alles über dich preisgegeben hast, obwohl du ihn doch gar nicht kennst. Wir können für Thorsten in dem Moment nur hoffen, dass es ihm genauso geht.

Nachrichtenromantik funktioniert aber nicht nur mit Fremden, sondern auch mit Entfremdeten aka Ex-Boyfriends. Besonders wenn die zur Gattung derjenigen Ex-Freunde gehören, die mit jedem Monat nach Beziehungsende wieder attraktiver erscheinen. Untersuchungen zufolge erinnern sich Frauen schlechter an Schmerzen als Männer. Klaro. Würden sie nicht vergessen, wie es sich anfühlt, sechzehn Stunden in den Wehen zu liegen, wären wir wahrscheinlich längst ausgestorben. Leider ist aber zu vermuten, dass dieses schlechte Schmerzgedächtnis auch für andere Lebensbereiche gilt. Wie sonst wäre es zu erklären, dass wir es fünf Mal mit diesem einen Typen probiert haben, der jedes Mal unser Herz mit einem Eierlöffel herausgepopelt hat und anschließend darauf herumgetanzt ist? Wer hat noch nie mehrmals hintereinander vergeblich versucht, eine Beziehung mit einem völlig unpassenden Partner zum Laufen zu bringen, so wie eine Stubenfliege, die pausenlos gegen die Fensterscheibe fliegt (»Aber wir lieben uns doch!«)?

Und wenn du es dann endlich geschafft hast, von ihm loszukommen, lauert die Gefahr trotzdem noch in deinem Smartphone mit einer Halbwertzeit wie Plutonium. Textnachrichten funktionieren in der Hinsicht nämlich wie die ultimative Einstiegsdroge. Sobald du über ihn hinweg bist, dein Herzchen geheilt und deine Sehnsucht erloschen ist, stehen die Chancen ungefähr zu 93 Prozent, dass du in dem Moment eine Nachricht bekommen wirst, weil er einfach nur mal hören möchte, wie es dir geht.

Und weil du ja deinerseits ein höflicher Mensch bist, der auf eine so nette Nachfrage natürlich antworten muss, ist es dreißig Minuten später schon wieder um dich geschehen. Ihr chattet, flirtet und lasst eine harmonische Intimität aufleben, die ihr in der Realität nie hattet. Er redet dich mit dem Kosenamen an, den du damals immer so gerne mochtest, er erinnert dich an diese 43 Minuten, an denen ihr mal am Stück zusammen glücklich wart, und schreibt dir, dass er dich immer kennen wird. ARGH! Der Fluch der Nachrichtenromantik hat euch ereilt und zieht dich in die emotionalen Untiefen des Ozeans des Leidens.

Wenn du dir jetzt nicht sofort einen Rettungsring umlegst, ist es um dich geschehen, und deine Freundinnen werden in den nächsten Wochen ihre liebe Mühe haben, dein in tausend Teile zersplittertes Herz vom Boden aufzusammeln.

Dabei liegt das Gegenmittel so nah. Deine Teenie-Zeit, in der du in Robbie Williams, Paddy Kelly, Nick Carter oder Justin Bieber verliebt warst, hat dir nämlich die Fähigkeit vermittelt, dagegen anzukämpfen. Irgendwann hattest du doch verstanden, dass dein Schwarm dich in seinen Songs doch gar nicht persönlich ansprach, sondern lediglich eine fiktive Person, damit junge Mädchen wie du sein Album kaufen. Wenn du dir das jetzt erneut klarmachst, dann kannst du die Nachrichtenromantik vielleicht als das lesen, was sie ist: eine Art guter Popsong, der von einer idealisierten Liebe handelt, die es nicht gibt. Dazu kannst du natürlich glücklich durchs Wohnzimmer tanzen, aber mit Justin Bieber verheiratet sein möchtest du trotzdem nicht. Hoffentlich.

Der Zombie

Hi. Na

Hey, Süße, ich hab gerade an dich gedacht

long time no see

happy new year.

happy new year. I miss you

happy new year. I love u.

Happy Birthday.

Happy Birthday. I miss u.

Happy Birthday. I love u.

Ich hab gestern von dir geträumt

———————————————

Long time no see! Musste eben zufällig an dich
denken. Wie geht's dir?

Sorry, stehe auf dem Schlauch. Wer bist du?

Hahaha, Nummer gelöscht?
Ich sage nur Sommer 2016. ;)

Aaah, Mehmet!

André

Hey, na :)

Fehlermeldung 352: Die Ex-Freundin,
die Sie gerade versuchen zu erreichen,
ist vor einem Jahr erfolgreich weitergezogen.

Frühling ist, wenn sich die Ex-Freunde melden. Dann
trudeln vertraulich klingende Nachrichten ein, von
Absendern, deren Nummer man aus Gründen des
Selbstschutzes vor gefühlt einhundertfünfzig Jahren
gelöscht hat. Wenn der Selbstschutz geglückt ist, hat
man erst mal überhaupt keine Ahnung, wer einem da
schreibt. Dann klickt man die jeweiligen Profilbilder
an und erkennt endlich Terence, Peter, Cem, Amit
oder hä? Bart Simpson?

Wenn du von jemandem, an dessen Namen du dich nur schemenhaft erinnern kannst, ein »Hey, na« bekommst, solltest du wahrscheinlich einfach nur fragen: »Na? Wer hat jetzt mit dir Schluss gemacht?« Damit liegst du in neunzig Prozent der Fälle richtig. Die Situation kennst du ja auch. Du sitzt in fleckiger Jogginghose am Küchentisch, hast wieder angefangen zu rauchen und gehst in Gedanken dein »Rotes Notizbuch« durch. Je nach Grad der Verzweiflung kommt eine große bis sehr große Anzahl infrage, die halbherzig von dir angesurft werden.

Du benutzt allerdings gerne die weibliche Variante des Zombies und tust so, als läge dieser Nachricht gar nicht dein eigener Entschluss zugrunde, sondern eine höhere Macht oder ein irrer seltener Zufall, der unbedingt berichtet werden muss. Deswegen sind deine Nachrichten etwas fantasievoller, aber auf dem gleichen Niveau. Sie lauten: »Witzig, ich hab gestern von dir geträumt.« – »Ich dachte, du sitzt im Restaurant neben mir, es war aber jemand, der dir unglaublich ähnlich sieht.« – »Gestern war ich zufällig in unserem Restaurant und dachte an dich.« Genau wie beim männlichen Zombie sind all diese Begebenheiten gelogen und dienen nur dazu, den Haken wieder einzuschlagen.

Natürlich hat der Zombie nicht erst an Silvester oder »eben gerade« an dich gedacht. Er hat stattdessen monatelang immer wieder überlegt, wie er sich wieder ins Spiel bringen könnte, aber möglichst, ohne seine Hintergedanken oder Gefühle dabei offenlegen zu müssen. Etwas freundlicher ausgedrückt bedeutet dies, dass man den anderen sehen will, es aber sehr wichtig ist, dass man dabei cool und beiläufig wirkt.

Die Silvestervariante dieser Nachricht ist meistens etwas rührseliger noch durch ein »Ich liebe dich/vermisse dich/Du bist die Einzige« ergänzt. Das liegt natürlich an der Jahreszeit. Wenn du gerade sowieso nichts zu tun hast, kannst du ja ein bisschen hin- und herschreiben. Wenn du keine Ahnung mehr hast, wer denn der junge Mann sein könnte, der dich so unendlich liebt, ist es ja auch manchmal schön, jemanden ganz neu kennenzulernen. Falls du dich doch an den Zombie erinnerst und die Sache für dich erledigt ist, kannst du ihn auch spaßeshalber verschrecken mit einem sofortigen Heiratsantrag oder einem dringenden Kinderwunsch, den du ihm ganz ehrlich schreibst. Dann wirst du sofort deine Ruhe haben, denn du weißt ja … Der männliche Zombie ist genau die gleiche Sache, die du nach jeder Trennung oder an schiefgelaufenen Silvesterfeiern in der Uckermark abziehst: Die Zombienachricht ist einfach ein quatschiger Haufen Quatsch.

Das Enigma

Hier ist ein Foto von einem Vogel,
den ich gestern gesehen habe.

Ooookay. Schön.

Ja. Schön, ne?

_____

Love will tear us apart.

Was? Warum??? Was meinst du damit?

Nichts. Aber ist doch ein schöner Song, oder?

Das Enigma macht aus deinem Nachrichteneingang seinen ganz persönlichen Instagram-Account, aber in mysteriös. In unregelmäßigen Abständen schickt er dir kommentarlos Zitate oder Fotos, bei denen du dich fragst, weshalb. Eine Hausfassade im Regen?

Ein voller Aschenbecher? Ein Löwenzahn? Warum? Was will der Absender dir damit sagen? Krampfhaft versuchst du zu ergründen, welche Verbindung es zwischen dir und dem Bildmotiv gibt. Habt ihr euch mal vor einer Hausfassade im Regen geküsst? Ist das eine Anspielung darauf, dass du vor zehn Jahren noch geraucht hast? Und was hat es mit diesem scheiß Löwenzahn auf sich?

Ganz simple Modelle unserer Kommunikation sehen so aus, dass ein Absender eine Nachricht an einen Empfänger übermittelt. Die Nachricht ist ein Zeichen oder eine Zeichenfolge, die beim Empfänger eine interpretative Reaktion hervorruft. Zum Beispiel sagt dir jemand: »Ich habe jetzt Hunger«, und du deutest diese Zeichenfolge als einen Hinweis darauf, dass dein Gegenüber jetzt Hunger hat. Leider funktioniert menschliche Kommunikation selten so eindeutig. Es ist durchaus denkbar, dass dein Gegenüber dich stattdessen fragt: »Hast du Hunger?«, und du müsstest erst mit all deinem Feingefühl decodieren, dass dir dein Gegenüber damit auf schüchtern mitteilt, dass sie oder er was essen möchte.

So deuten und interpretieren wir den ganzen Tag vor uns hin und hoffen einfach, dass wir damit nicht allzu falsch liegen. Bei Textnachrichten kommt nun erschwerend hinzu, dass wir Mimik und Gestik des Absenders nicht sehen. Uns fehlen damit wichtige Hinweise für unsere Deutungsarbeit, die ein Zwinkersmiley nur unzureichend ersetzen kann. Bei wichtigen Nachrichten haben wir deshalb immer noch ein Analysekomitee im Hintergrund. Per Screenshots fragen wir Freundinnen und Freunde, was die Nachricht denn ihrer Meinung nach WIRKLICH bedeutet. Das kann je nach emotionalem Verwicklungsgrad auch mehrere Interpretationsschleifen nach sich ziehen. Flirten per Textnachrichten ist einfach nichts für Leute ohne Tagesfreizeit.

Nachrichten vom Enigma bewirken bei uns zunächst eine interpretative Reaktion wie jede andere Kommunikation, nur ist sie weder bei uns noch bei unserem Analysekomitee von Erfolg gekrönt. Warum nur hat er das Löwenzahnbild geschickt? Du gehst hundert Mal im Kopf eure Gespräche durch, ob dort irgendwann einmal das Wort Löwenzahn fiel. Du assoziierst frei wie bei einem Brainstorming in einer mittelklassigen Werbeagentur, aber weder bei Pusteblume noch bei Peter Lustig, gelbgrün oder Raubkatzendentalthemen klingelt es bei dir. Du liest dich kurz sieben Stunden lang in die Symboldeutungen von Löwenzahn in Kunst, Literatur und Mythologie ein, aber nada. Du kommst einfach nicht dahinter, weshalb er dir ausgerechnet dieses Foto nach drei Wochen Funkstille geschickt hat.

Nachdem du so drei Tage sherlockholmsig an der Nachricht geknabbert hast und immer noch nicht weißt, was sie bedeutet, kommt dir der Geistesblitz. Du fragst einfach mal beim Enigma nach, was er sich bei diesem vermaledeiten Löwenzahnfoto gedacht hat, und seine Antwort wird dir die Tränen in die Augen treiben: Gar nichts. Er fand es einfach schön!

Das Enigma durchbricht unsere Gewohnheiten einer zielgerichteten Kommunikation. Seine Nachrichten sind ohne tiefere Bedeutung. Du interpretierst sie immer falsch, weil es an ihnen nichts zu interpretieren gibt. Das Gandhi-Zitat, das Schwarz-Weiß-Foto, der Song, den er dir schickt, mit all dem möchte er dir gar nichts sagen. Es sind random Schnipsel und keine Geheimbotschaften. Deine Dechiffrierungskünste, die durch Nachrichten von Männern so gut geschult sind, dass dich schon Geheimdienste und NASA abwerben wollten, kannst du in diesem Fall vergessen. Das Enigma lehrt dich stattdessen die Nachrichtenmeditation. Deren höchstes Ziel ist es, einfach gar nichts zu denken, außer: ach, schön.

Es ist ein langer Weg von deiner Überinterpretationsroutine hin zu einer achtsamen Entspannungshaltung beim WhatsApp-Chat, aber er lohnt sich. Spätestens wenn dir das Enigma einen Spotify-Link zu einem kitschigen Liebeslied schickt und du beim Hören ein bisschen mit dem Kopf wippst und dabei weiter ungerührt die Spülmaschine ausräumst, hast du es geschafft. Dann bist du im Nachrichtennirwana, und dein Analysekomitee kann endlich in den wohlverdienten Ruhestand gehen. Namasté!

Die Hassliebe

Happy Birthday

Wie immer, zwei Tage zu spät.

Wenn du mich zu deinen illustren
Geburtstagsrunden ausnahmsweise
auch mal einladen würdest, könnte
ich mir das Datum eventuell auch
besser merken.

Vielleicht hättest du nicht mit all
meinen Freunden schlafen dürfen?

Arsch

Blöde Kuh

Wie einfallsreich von dir, mich damals mit deiner
Mitarbeiterin zu betrügen! Typisch!

Typisch ist nur, dass du
so was auf WhatsApp austrägst!

Soll ich dir 'ne Brieftaube schicken?

Blöde Kuh

Arsch

Die Hassliebe ist eine Verwandte der Massenkarambolage (siehe Kapitel 30), mit dem Unterschied, dass
der jeweilige Mann zwar nicht mehr aktuell ist, aber
innerhalb von wenigen Sekunden so viel Wut aus-
lösen kann, als wäre er noch am Start. Es handelt sich
also um den Chat mit einem Ex, in dem man sich gegenseitig belehrt, sich mit fiesen Witzen auf Charak-
terfehler aufmerksam macht, alle bekannten Knöpfe
drückt, so lange bis eine*r von beiden ausrastet und
mal wieder den Kontakt abbricht.

Diese Chats beginnen meist mit: »Happy Birthday!«
Wir sagen es gleich vorweg: Die Hassliebe funktioniert nur bei Beziehungen, die dysfunktional waren. Hatte man eine ausgewogene, faire Partnerschaft
voller Liebe, ist ein typischer Hasslieben-Chatverlauf
schwierig bis unmöglich und macht leider auch überhaupt keinen Spaß. Man muss sich da schon auf Augenhöhe begegnen, wie zwei virtuos listige Alkoho-
liker aus *Wer hat Angst vor Virginia Woolf?* Die Hassliebe

bringt eben nur etwas mit einem Partner, der genauso leicht reizbar ist und darüber hinaus Freude hat an perfekt formulierten und individuell zugeschnittenen Beleidigungen.

Hier kommt als Themenfeld eigentlich alles infrage, von leichten bis hin zu schweren Charakterfehlern, Behaarung an merkwürdigen Körperstellen bis hin zu sexuellen Unzulänglichkeiten. Es darf alles benutzt werden. Die Regeln bei dieser Profikonversation sind zwar unkompliziert, aber schwer einzuhalten.

Gewonnen hat, wer die meisten Vorwürfe, Unterstellungen und Kritikpunkte anbringen kann – aber Vorsicht: Als Siegerin gehst du nur hervor, wenn du darüber hinaus auch noch als Erste den Kontakt abbrichst. Die ganze Sache ist also mehr oder weniger ein Wettlauf gegen die Zeit. Wenn du genügend Beleidigungen anbringst, aber parallel den Absprung verpasst, bekommst du umgehend den Jennifer-Aniston-Stempel verpasst. Egal, wie toll du bist und wie gezielt deine Angriffe waren, du wirst die vermeintlich ewig unglückliche Verlassene sein. Auch wenn du vielleicht vor fünfzehn Jahren Schluss gemacht hast, bist du immer nur so gut wie dein letzter Streit.

Lege dir daher eine Datei auf deinem Handy mit vorformulierten Diskussionspunkten an, die du per *copy and paste* schnell in deine Nachrichten einfügen kannst, lerne die wichtigsten davon auswendig und halte, ganz wie Lucky Luke, deinen Finger immer in der Nähe von Buchstaben, aus denen du in Windeseile die Wörter »Schluss«, »aus« oder »vorbei« tippen könntest.

Du wirst es beim Lesen schon bemerkt haben, die Hassliebe ist weiß Gott nichts für Anfänger. Wenn du aber im Laufe deines Lebens ein gutes Händchen für gestörte Liebesbeziehungen bewiesen hast, kannst du in dieser Disziplin zügig auf ein Fortgeschrittenenlevel kommen. Versprich dir aber nicht zu viel von deinen ersten kleinen Erfolgen. Meister dieser Disziplin können nur Menschen werden, die sich von ethisch-moralischen Skrupeln komplett freigemacht haben.

Trainieren dafür könntest du, wenn du dich als Feministin auf Twitter präsentierst und beginnst, mit wütenden Followern zu argumentieren. Wenn du das drei Wochen lang einigermaßen unbeschadet überlebst und dich auch die Veröffentlichung deiner Privatadresse einigermaßen unbeeindruckt lässt, bist du bereit für deine erste große Hassliebe.

Wenn du schon nach einem Nachmittag in Embryonalstellung im Küchenschrank liegst, ist diese Art von Nachricht nichts für dich. Dann schlafe eventuell als Trost kurz mit dem »Netten«, mach endlich deine Steuern oder wasch dir den Mund mit Seife aus. Falls dir die Hassliebe ab und an doch einmal fehlen sollte, verzweifle nicht, es gibt, wie gesagt, Twitter oder bald wieder »Das Sommerhaus der Stars« oder auch zur Not die Debatten im Bundestag, die du als passive Zuschauerin unbeschadet verfolgen kannst.

Der Einsilbige

Hi :)

Hey, na, wie geht's dir? Ich komme gerade vom Sport und musste daran denken, wie wir uns neulich darüber unterhalten haben, was wir diesen Sommer noch so alles machen könnten, und ich dachte, vielleicht wäre es nett, mal raus an einen See zu fahren, wenn das Wetter gut ist.

stimmt

_____

Ich habe mal überlegt, wie es mit uns weitergehen könnte. Erst mal würde mich interessieren, was du überhaupt so darüber denkst und wie es mit deinen Gefühlen aussieht. ;) Vielleicht könnten wir uns ja mal darüber unterhalten, weil es ja schon

Wer glaubt, Frauen seien das geschwätzige Geschlecht, war noch nie in einem Meeting mit vielen
Männern. Oder nie auf einem Date mit jemandem,
der eine Plattensammlung sowie die große François-
Truffaut-Edition besitzt. Oder hat nie eine Talkshow
geschaut. Oder war nie bei einem Geschäftsessen mit
einem Mann, der kurz zuvor an einem Weinseminar
teilgenommen hat. Oder nie in einer Kneipe, um in
Ruhe das Champions-League-Finale zu schauen.
Oder nie bei einer Podiumsdiskussion, bei der hinterher noch Fragen aus dem Publikum gestellt werden
dürfen.

Mit dem Stereotyp der weiblichen Redefreudigkeit
kann man zwar immer noch ein ganzes Comedy-
Programm in Deutschland bestreiten, aber keinen
Wissenschaftspreis gewinnen. Neueste Studien zeigen, dass beide Geschlechter im Schnitt in etwa
gleich viel Wörter pro Tag reden. Dennoch hält sich
das Klischee hartnäckig, weil die Geschlechter in unserer Gesellschaft eben immer noch unterschiedlich
wahrgenommen werden. Bei Frauen nennt man es
Geschwätzigkeit, bei Männern nennt man es Podcast.
Es gibt redselige Männer genauso, wie es wortkarge

Frauen gibt. Und es gibt mitteilsame Frauen genauso, wie es den Einsilbigen gibt.

Schriftliche Kommunikation mit einem Einsilbigen hat den Vorteil, dass du trotzdem sehr gut der Netflix-Serie folgen kannst, während du seine Nachrichten liest. Er beschränkt sich hauptsächlich auf die Wörter ok, ja und nein. Für Verabredungen nutzt er die Frageadverbien wo und wann, der Kürze wegen meistens ohne Fragezeichen.

Der Nachteil am schriftlichen Dialog mit dem Einsilbigen ist dann aber natürlich, dass du die ganze Kommunikationsarbeit leisten musst. Irgendjemand muss ihm ja Fragen stellen, auf die er mit ja oder nein antworten kann, und irgendjemand muss ihm andererseits auch seine Wie- und Wo-Fragen beantworten.

Wenn du aber Lust auf eine Führungsposition hast, bietet sich hier endlich mal eine realistische Chance. Auch für dich als Frau in Deutschland! Okay, sie wird nicht bezahlt, aber wir wollen ja nicht zu gierig werden. Im Chat mit dem Einsilbigen bist du die Chefin. Du alleine kannst entscheiden, worüber ihr kommuniziert, wann und wo ihr euch trefft. Er wird dir mit Sicherheit folgen, denn Widerspruch hat drei Silben.

Natürlich fragst du dich manchmal, ob ihm nicht auffällt, dass von ihm nichts kommt. Aber andererseits weißt du auch, dass die männliche Sozialisation von klein auf davor schützt, es allen recht machen zu wollen.

Es ist also alles nur eine Frage deines Erwartungs-
managements. Du wirst mit dem Einsilbigen keine
Chatromanze beginnen, aber vielleicht liegt ihm ja
die analoge Kommunikation besser. Für intensiven
Nachrichtenaustausch hast du eh deine Freundinnen.
Es sei denn, die sind auch einsilbig. Dann suche dir
wenigstens einen geschwätzigen Mann, vielleicht findest du den ja bei einem Weinseminar.

Der eklige
Sexter

Du bist so heiß! Von der Seite siehst du
manchmal aus wie meine Schwester. Crazy!

Bäh!!! Theo!!!!

Augenscheinlich sind mir deine Brüste
noch nicht geworden, und es ist nicht viel,
was dem Voyeur aus der Ferne zuteilwird,
genug aber, um den Geist des Poeten mit
Gedanken zu füllen. Wie sie so geartet einen
Spitzen-BH füllen, den sie im Sinne des
Wortes von sich aus überflüssig machen,
wie wohlgeformt sie stehen, kugelförmig
ihre Unterseite, oberhalb der Drüsen zart
geschwungen, wie sie sich wohl anfühlen
mögen ... und wie sehr sie im Anschluss
an dieses Feuerwerk der triebischen Gefühle
wieder sittsam versteckt werden müssen.

Ich muss schon wieder an dein geiles
Fötzchen denken! Meine Hände riechen
noch nach deinem geschwollenen Pfläumchen.

Der Eklige, oder auch »Cyrano de Kack«, übt sich
stets in verbaler Wollust, hat aber leider den Ton
nicht im Griff. Wenn er Romantik versprühen will,
klingt er wie ein notgeiler Nachhilfelehrer auf dem
Weg zum Triebtäter. Er kann mit seinen Worten auch
den Hartgesottensten unter uns ein für alle Mal den
Appetit auf Sex verderben. Seine Sätze brennen sich
unwiederbringlich in die Gehirnwindungen seiner
Leserinnen ein. Glaubt man ihn schon fast vergessen
zu haben, ploppt plötzlich an einem sexy Abend mit
einem anderen Herrn mittendrin das Wort »Drüse«
oder »Pfläumchen« auf und lässt einen mit sofortiger
Wirkung zum Eisblock erstarren.

In manchen Fällen tappt man auch völlig ahnungs-
los in die Falle des Ekligen. Er benimmt sich in allen
vor dem Sex stattfindenden Gesprächen völlig normal
und unauffällig, nur um dann völlig überraschend
»Daddy kommt jetzt« zu rufen, während dir selbst vor
deinem inneren Auge natürlich und unwiderruflich
der eigene Vater erscheint.

Wir haben keine Ahnung, woher der Eklige seinen
schlechten Geschmack hat oder ob er einfach nur versucht, Henry Miller mit den Texten von Marius Mül-

ler-Westernhagen zu mixen. Wahrscheinlich ist es ganz einfach: Die meisten Menschen finden Marschmusik und Diddlmäuse schrecklich, aber es gibt eben doch genau diese fünf Fans, die unbeirrt und beratungsresistent auf ihrer Schiene bleiben.

Für uns Außenstehende ist der Eklige auf Anhieb manchmal schwer zu erkennen. Erst im ganz großen Schwall der Gefühle haut er alles raus. Dann sitzt du aber dummerweise meistens schon in der Falle beziehungsweise in seinem Bett. Insgesamt empfehlen wir, eventuell aufzuhorchen, wenn dein neues Date sagt, dass er Rilke-Fan sei oder »ein ganz großer Freund der deutschen Sprache«. Das geht meistens schief, also verlasse schnell den Raum, bevor er zur Hochform aufläuft. Falls du aber sehr ausgehungert sein solltest, lange keinen Sex hattest und der vermutliche Eklige gut aussieht, könnte das Mitführen von Ohropax eine gute Idee sein oder eine lustige Sexpraktik, bei der du ihn knebeln kannst.

Noch ein wichtiger Rat: Falls du erneut wider besseres Wissen eine Nacht mit dem Ekligen verbracht hast (weil du ihn insgeheim ziemlich heiß findest), sei nicht so streng mit dir. Rede dir ein, es sei nie passiert und es ist alles seine Schuld. Erzähle es nur deinen Freundinnen und streite es vor allen anderen empört und angewidert ab. Du würdest so was doch nie tun. Du fährst das nächste Mal, wenn du betrunken und horny bist, sowieso wieder zu ihm.

Die Diagnose

Du hast ja wohl auch Daddy Issues, oder?
Ich erkenne das.

Hä?

Ist nicht schlimm, haben viele Frauen.

———————————————————————

Ich weiß, dass du denkst, du wärst nicht wert,
geliebt zu werden. Aber ich glaube,
das ist nur so, weil du nicht weißt,
wie es ist, geliebt zu werden.

———————————————————————

Und warum bist du Single?

Meine Ex-Freundinnen waren alle verrückt.
Total irre!

Ach, deshalb.

Deutschland hat ein Problem. Im Schnitt warten gesetzlich versicherte Patient*innen sechs Wochen auf ihren ersten Termin beim Psychotherapeuten. Wer sich in einer akuten Krise befindet, kommt in der Regel etwas schneller dran, allerdings dauert es immer noch viel zu lange. Bei einem Beinbruch wären durchschnittlich sechs Wochen Wartezeit auf einen Arzttermin ein Skandal, der wochenlang für ARD-Brennpunkte, Talkshow- und Twitter-Debatten sorgen würde. Doch bei einem gebrochenen Bein rät dir halt auch niemand, einfach nur mal wieder vor die Tür zu gehen, ein bisschen zu lächeln, dir nicht alles so zu Herzen zu nehmen oder dich mal ein wenig zusammenzureißen. Aber zum Glück gibt es ja viele ehrenamtliche Psychospezialisten (m/w/d), die dich ganz ohne Wartezeit an ihrem Wissen teilhaben lassen und dir gerne Auswege aus deiner Misere zeigen.

Wer kennt das nicht? Ein paar Frauenmagazine gelesen, vielleicht auch noch ein populärwissenschaftliches Buch und vier, fünf Kinofilme über Psychopathen geguckt und schon wagen wir uns an die Fern- und Nahdiagnose. Wir haben für alle ätzenden Ex-Freunde ein ausgefeiltes psychologisches Profil erstellt, das wir jedes Mal noch ein bisschen weiter ausschmücken, wenn beim Abendessen mit den Freundinnen mal wieder die Sprache auf sie kommt. Wobei an der Spitze unserer Diagnosecharts eindeutig »Unsicherheit« steht. Er war dauernd wütend? Bestimmt war er nur unsicher. Er hat sich nie gemeldet?

Unsicherheit! Er konnte seine zwei Freundinnen, von denen er eine gerade geschwängert hat und die andere nichts von allem wusste, nicht für dich verlassen, obwohl ihr seit zwanzig Jahren verheiratet seid, und zwar glücklich? Der Arme ist einfach nur unsicher.

Das hilft uns dabei, sein verletzendes Verhalten zu erklären, und wir kommen außerdem viel verständnisvoller und reflektierter rüber, als wenn wir ihn einfach nur mit Schimpfwörtern belegen. Und weil wir so reflektiert sind, machen wir auch vor uns selbst nicht halt. Wer noch nie im Internet einen »Bin ich narzisstisch/depressiv/autistisch/ein Einhorn?«-Test gemacht hat, werfe den ersten Stein. Noch eine Stufe drunter sind Fremd- und Selbsteinschätzungen anhand von Sternzeichen, aber ich als Fisch bin da vielleicht auch extra kritisch.

Relativ neu in Deutschland ist die Allgegenwärtigkeit von Myers-Briggs-Typen, das sind sozusagen Sternzeichen für Männer. Dabei handelt es sich um eine psychologische Typologie, die in Assessment-Centern und noch viel häufiger in Dating-Profilen auftaucht. Diese Charaktertypisierung beruht auf Selbsteinschätzungen, wurde wissenschaftlich nie bewiesen und hat auf Wikipedia ein eigenes Unterkapitel für die zahlreiche Kritik daran. Aber das tut ihrer Popularität keinen Abbruch. Jetzt kann man auf windigen Psychowebseiten einen Fragebogen ausfüllen und sich dann seinen Myers-Briggs-Typ anzeigen lassen. Das ist natürlich viel leichter als

Selbstreflexion, wenn man wissen will, wie man so drauf ist. Und es klingt auch cooler. Statt zu sagen, dass sie ein lauter, unsensibler Sturkopf sind, nennen sich solche Männer auf Tinder jetzt eben Extraverted Sensing Thinking Judging (ESTJ). Das rechtfertigt on top auch ganz easy noch die schlechten Charaktereigenschaften, weil man nun halt einfach so ein Typ ist. SCIENCE!

Das wäre ja alles noch hinzunehmen, gäbe es nicht auch Männer, die nicht nur sich selbst diagnostizieren, sondern auch dich. Und zwar nicht im Gespräch mit ihren Freunden, wenn sie sich Sorgen machen, dass du unter einer depressiven Verstimmung leiden könntest, oder wenn sie eine nette Erklärung dafür brauchen, dass du sie verlassen hast. Nein, diese Männer beschränken ihr Wirken auf Diagnosenachrichten an dich, die klingen, als hätte Sigmund Freud sie höchstpersönlich geschrieben. Da werden jede Menge Vaterkomplexe, Hysterie und Nervenleiden heraufbeschworen. Fast immer attestiert er dir so etwas, nachdem du ihn kritisierst oder gar abgewiesen hast. Erkrankungen der weiblichen Psyche äußern sich aus seiner Sicht nämlich vor allem darin, dass die Patientin irgendetwas an seinem Verhalten auszusetzen hat. »Verrückt« ist der Oberbegriff dafür im Nachrichtendiagnosefachjargon.

Dr. med. Nachrichtenschreiber wird dir in Ruhe schriftlich auseinandersetzen, weshalb er sich dein Benehmen nur so erklären kann, dass andere Männer dich enttäuscht haben, dein Vater so autoritär ist oder dein Chef so fordernd. Meistens dreht sich bei seiner Diagnose alles um Männer, ohne die du bekanntlich erst gar keine Psyche hättest.

Wenn du dich darüber aufregst, dass er sich drei Wochen nicht gemeldet hat, dann liest er daraus einen zu starken Bindungswunsch. Wahrscheinlich, weil dein Vater dich verlassen hat, als du einundzwanzig warst.

Wenn du dich ärgerst, dass er immer zu spät kommt, empfiehlt er dir, mal deine Anspruchshaltung zu überprüfen. Eventuell hast du mit diesem Kontrollwahn ja auch in der Vergangenheit schon alle Männer vergrault.

Aber wenn du auch nur einen Hauch von Wut zeigst, dann kann er dir leider auch nicht mehr helfen. Dann bist du leider so verkorkst, dass er dir nur zu einer Therapie zur Aggressionsbewältigung raten kann.

Auf die wartest du ja nur in Deutschland ein paar Wochen, aber die Zeit kannst du sinnvoller nutzen, als dem Diagnostiker weiterhin zuzuhören. Du könntest im Internet diesen »Welches Spice Girl bin ich?«-Test machen, und dann: »Wer von *Friends* bin ich?«, und dann: »Welcher Pizzabelag bin ich?« Dann hättest du schon mal mehr über dich selbst erfahren als in Diagnosenachrichten von Männern.

Der Soap-Fan

Na, was macht die Liebe?

Also, es ist alles wieder superkompliziert.
Erst hat er angerufen, das dachten wir uns ja
sowieso schon, dann sagte er aber nichts,
dann sagte ich ihm, dass es so nicht
weitergehen kann. Er muss sich entscheiden:
Tanja oder ich. Man, ich kann dir sagen,
es ist wieder so viel durcheinander hier.
Ätz. Wie geht's dir?

Gut. Und was hat er dann darauf gesagt?

———————————————————

Bist du noch mit ihm mitgegangen?
Wie war der Sex?

JA! Und schrecklich! Ich dachte, er
hat wahrscheinlich alles bei YouPorn gelernt.
Und er hat sehr merkwürdige Geräusche

gemacht. Bin dann aber doch geblieben.

Hab bis jetzt noch nichts von ihm gehört.

Er fand es höchstwahrscheinlich auch schlimm.

Genau wie bei dem Typen im März.

Aber der kam dann doch wieder an!

Schreibst du mir, wenn er sich meldet?

Du hast es wahrscheinlich noch nicht gemerkt, aber dein Leben ist die persönliche Soap dieses Zuschauers. Jede Unterhaltung wird, ganz wie bei Markus Lanz, mit einer offenen Frage gestaltet: »Wie geht's dir diese Woche?« Wenn du dann kein Entertainment lieferst, wird genauer nachgehakt und nach deinem desaströsen Liebesleben oder Kontostand gefragt. Eins von beidem stimmt bei dir immer.

Zuerst freust du dich über das rege Interesse an deiner Person und quatschst ihn voll wie nach einer sechsmonatigen Corona-Quarantäne. Die Sache wäre für euch beide ziemlich unterhaltsam, wenn der Soap-Fan auch mal einen Einblick in sein bewegtes Leben gewähren würde. Irgendwann fällt dir nämlich auf, dass etwas Entscheidendes fehlt: Ah, ja, der Dialog! Diese Erkenntnis dauert je nach deinem eigenen Ego-zentrik-Grad Tage, Wochen oder Jahre. Besser spät als nie bemerkst du, dass auf deine Anfragen immer nur Sätze kommen: »Wir holen bald den Retriever vom Züchter ab, sonst war nichts«, oder: »Wir haben eine neue Hecke«, oder: »Och nee, jetzt bin ich zu müde«, oder: »Psst, mein Kind schläft gerade auf meinem Bauch, erzähl lieber du.«

Meistens triffst du in deinem Leben auf einen Soap-Fan, wenn dieser gerade alles in der Reihe hat (Rentenversicherung, Auto, Ehe, Langeweile) und du von der Koordination vier mieser, nebeneinanderherlaufender Affären überfordert bist. Am Anfang hältst du dich noch in dieser Konstellation für Jennifer Aniston, schön, cool, verwegen, beneideter Single, bis du eines Tages den Seufzer am anderen Ende der Leitung registrierst, der dir sagt, dass du in Wahrheit Lindsay Lohan bist.

Man sieht sich gerne dein Leben an, lacht mit dir über deine volltrunkenen Pöbeleien vor den Häusern diverser Ex-Freunde, tröstet dich, wenn du mal wieder in den Knast musst, und sieht die eventuelle Pleite deines neuen coolen Strandclubs voraus, in dem du selbst dein bester Gast bist. Du ahnst auch, dass dich all seine lustigen Spitznamen für dich hätten aufhorchen lassen sollen, Chaosqueen ist also doch nicht so bewundernd gemeint, wie du gedacht hast. Diese Erkenntnis ist erst mal enttäuschend, und du nimmst dir vor, sofort den Kontakt zu Ansgar und seiner perfekten Familie abzubrechen.

Du siehst es nicht mehr ein, den Pausenclown für seine Reihenhaussiedlung bei Pforzheim zu spielen. Du hast aufregendere Freunde und nettere. Ab jetzt heulst du dich nur noch bei Gleichgesinnten aus … –

bei denen du dummerweise nicht zu Wort kommst, weil sie selbst einen Haufen Probleme haben und jeder seinen eigenen Psycho-Ex-Freund, über den dringend gesprochen werden muss. Außerdem haben diese anderen, netteren, aber viel beschäftigten Problemkumpanen einen ebenso fragwürdigen moralischen Kompass wie du. Wie sollst du dich denn jetzt zurechtfinden in der Welt?

Wie geht es eigentlich Ansgar und den Kindern? Ist der Golden Retriever schon beim Züchter abgeholt worden? Was macht die neue Hecke? Fragen über Fragen. Eventuell solltest du dich doch mal erkundigen, was Ansgar und sein Lebensgefährte so treiben. Die eine peinliche Geschichte von neulich Abend könntest du ja verschweigen. Erst mal kriegen sie nur die Story über den mysteriösen Männergürtel, den du in deiner Wohnung gefunden hast. Oder vielleicht noch die Sache über den Flirt mit deinem neuen Gynäkologen, der dir die Pille danach verschrieben hat? Das würde Ansgar gefallen. Ich schreib ihm schnell. Hoffentlich schläft sein Kind auf seinem Bauch, dann kann ich ihn erst mal zutexten.

Die Mitternachts-
nachricht

Hey, noch wach?

Ich vermisse dich so sehr,
dass mir seit Tagen kotzübel ist
und ich permanent deinen Namen
vor mir hersage wie ein Mantra.

> Wer schreibt da?

Ich! Hast du meine Nummer gelöscht?

> Wer bist du??

_____

> Ich weiß jetzt, dass ich immer
> nur dich geliebt habe, alles
> andere war kompletter Quatsch.
> Habe mir Mut angetrunken.
> Kann ich vorbeikommen?

ES IST VIER JAHRE HER!!! Ich liege im Bett
mit meiner neuen Freundin.

Ich habe heute so viel verstanden von allem,
was so passiert ist und was passieren könnte
und was das Leben bedeutet. Ich schicke
dir jetzt zehn Nachrichten mit wichtigen
Botschaften. Ruf mich gleich danach an, um mal
alles zu besprechen. Ich bleibe wach.

Du wirst es wahrscheinlich kennen. Du wachst
Sonntagmittag auf, deine Kehle kratzt, dein Kopf
steht kurz vor der Explosion, deine Augen sind so
zugequollen, dass du zunächst nur schemenhaft sehen kannst. Obwohl du dich am liebsten für immer
unter deiner Bettdecke verkriechen möchtest, treibt
dich dieser wahnsinnige Durst in die Küche. Als du
ein Glas unter den laufenden Wasserhahn hältst,
schießt dir auf einmal die Erkenntnis durch den Kopf.
FUUUUUUUUUUUUUUUUUUUCK!!!
Mit einem Schlag ausgenüchtert, suchst du dein
Telefon. Als du es dann endlich in einem Schuh unter dem Küchentisch findest, zögerst du noch ein
paar Sekunden, bevor du dich deinem persönlichen
Waterloo stellst: Es begann um 23:04 Uhr mit einer
Nachricht an deine Freundin, dass du sooo froh bist,
dass sie nun endlich einen Freund hat und dass du

sie sehr, sehr liebhast. Vier Küsschensmileys. Um 23:15 Uhr hast du deinem Ex ein unscharfes Selfie von dir geschickt, kurz danach noch ein »UUPS!!! Sorry, sollte an jemand anderen gehen! ;)«

Um 23:49 Uhr kamst du auf die Idee, ein »Hey, naa?? Was machst du? :)« an sieben verschiedene Männer zu schreiben, einer davon war dein Steuerberater. Um 0:03 Uhr dann noch eine Nachricht an deinen Ex, warum er dir bitte schön nicht antwortet.

Um halb eins haben dir stattdessen drei der Männer geantwortet, einer davon war dein Steuerberater. Daraufhin hast du deiner Freundin noch mal getextet. Es gäbe so viele Typen auf der Welt, du verstehst gar nicht, weshalb sie sich jetzt ausgerechnet für so einen Lauch entschieden hat. Um kurz nach ein Uhr wieder an deinen Ex-Freund: »Ich weiß jetzt, dass du mich nie geliebt hast. Aber egal. Vielleicht bist du gar nicht fähig zu lieben!!! Hast du darüber mal nachgedacht??!?«

Mit den drei Männern hast du bis um drei Uhr gechattet, von einem kam ein Dickpic, auf das du mit fünf heulenden Lachsmileys reagiert hast. Zum Glück war es nicht von deinem Steuerberater. Du bringst es nicht übers Herz, jetzt auch noch die vierzehn Minuten lange Sprachnachricht an deinen Ex anzuhören, die du ihm um kurz nach halb drei Uhr geschickt hast. Deine letzte Nachricht ging um 3:16 Uhr wieder an deine Freundin: »Huhu, habe total viel getrunken, aber fühle mich echt einfach noch SUPER nüchtern.«

Du legst dich wimmernd zurück ins Bett und schwörst dir, nie wieder betrunken Nachrichten zu schreiben. Als du am darauffolgenden Wochenende gänzlich unverkatert aufwachst und auf deinem Telefon vier Benachrichtigungen von alten Dates, deinem Ex und deinem Steuerberater siehst, wirst du sie mit derselben Milde behandeln, auf die auch du immer hoffst. Mitternachtsnachrichten zählen nicht.

Die Kleinmachung

Lieber Jürgen, ich würde gerne noch mal
auf meinen Wunsch nach Gehaltserhöhung
zurückkommen. Hast du die Woche
mal Zeit für ein Gespräch?

Ich kann mir gut vorstellen,
dass du immer Zeit für ein
Pläuschchen hast, aber mein Terminplan
gibt das leider nicht her.

Wir haben den Pitch gewonnen!!! Das heißt,
in zwei Wochen geht das Projekt schon los,
und ich soll die Leitung übernehmen.

Habe euren Post dazu schon auf
Twitter gesehen, du sahst bestimmt
hübsch aus bei der Präsentation.

In Deutschland sind Männer im Schnitt vierzehn Zentimeter größer als Frauen. Aus unerklärlichen Gründen brauchen sie aber dennoch deutlich mehr Platz im öffentlichen Raum: beide Armlehnen im Flugzeug, anderthalb Bahnen im Schwimmbad und sämtliche Plätze bei Podiumsdiskussionen.

Am auffälligsten ist es wahrscheinlich in der U-Bahn, wenn Männer das sogenannte Manspreading betreiben. Der Wunsch nach einem riesengroßen Penis scheint ihre Beine so weit auseinanderzutreiben, dass der Frau neben ihnen nur ein Viertel der Sitzbank bleibt. Eine gerne als Vorwand genannte tatsächliche anatomische Ursache kann das Spreizverhalten der Herren nämlich nicht erklären. Andernfalls müssten Frauen mit großen Brüsten ja auch immer mit weit abgewinkelten Armen dasitzen. Sie schaffen es aber trotzdem, ihre Körper so weit unter Kontrolle zu bringen, dass sie andere Menschen nicht beeinträchtigen.

Das nachrichtliche Äquivalent zum Manspreading ist die Kleinmachung. Dabei handelt es sich um Nachrichten, die uns das Gefühl geben, wieder fünfzehn zu sein und zwei Stunden nach einer geschwänzten Klassenarbeit dem Mathelehrer auf der Straße zu begegnen. Diese Nachrichten finden wir vor allem in beruflichen Kommunikationen. Häufig dann, wenn es um Verhandlungen oder Forderungen aller Art geht.

Wenn der Ton in diesen Nachrichten besonders herablassend ist, fällt uns das sofort auf. Dann macht es uns der Kleinmacher ziemlich leicht, die Nachricht gleich richtig einzuordnen und entsprechend zu handeln. Im Falle des offensichtlichen Kleinmachers ist die einzig angemessene Reaktion, mit den Augen zu rollen und auf der Stelle das Doppelte von allem zu verlangen, was wir vorher wollten. Mindestens. Denn wenn uns jemand mit einer Schülerpraktikantin verwechselt, sind wir ja ganz offensichtlich viel zu billig. Also müssen wir dringend nachjustieren.

Schwieriger wird es allerdings, wenn der Absender in seiner Kleinmachung geschickter vorgeht. Dann liest sich die Nachricht erst mal nur ein bisschen jovial, so wie von einem Onkel, der nach zwei Bierchen gerne mal die eine oder andere Grenze überschreitet. Dann können wir nicht sofort dieses schlechte Gefühl einordnen, das sich in uns ausbreitet. Denn er hat es doch bestimmt nur nett und lustig gemeint.

Aber Moment … wir sind doch auch nett und lustig! Wieso haben wir dann noch nie mit einem erwachsenen Mann kommuniziert, als sei er ein bockiger, wenn auch niedlicher Teenager? Sollten wir also auch onkelhafter mit unserer Umwelt umgehen, um keine Spaßbremsen zu sein? Dem Kollegen mal mitteilen, dass er seine Aufgaben wirklich ganz fein erledigt hat, und ihn für die gute Stimmung loben, die er ins Team bringt? Dem Verhandlungspartner noch mehr Honorar abtrotzen, weil er doch wirklich hübsch genug sei, um sich zum Essen einladen zu lassen? Dann braucht er doch gar nicht so viel Geld!

Oder sollen wir dem Vorgesetzten die Idee, die er selbst entwickelt hat, noch mal haarklein schriftlich erklären und dann ein paar Witzchen darüber machen, dass er ja eigentlich viel zu viel Gehalt bekommt? Das müsste genau das Humorzentrum der Kleinmacher treffen, die das doch wirklich alles nett und lustig meinen. Warum nur klingt das nicht nach einer super Idee?

Neben dem offensichtlichen Kleinmacher und dem übergriffigen Onkel gibt es noch den pädagogischen Kleinmacher. Von ihm bekommst du Nachrichten wie von einem Oberstudienrat, der halbherzig versucht, nett rüberzukommen. Der pädagogische Kleinmacher hat vielleicht mal in einer Doku gesehen, dass Sklaverei und Leibeigenschaft abgeschafft wurden, dass es Fachkräftemangel gibt und Frauen mittlerweile das Wahlrecht haben. So ganz kann er das zwar nicht glauben, aber er versucht nun trotzdem mal, seine Forderungen anders zu formulieren, softer. Man möchte ja mit der Zeit gehen, flache Hierarchien und so. Sein größter Rhetoriktrick ist deshalb das Fragezeichen.

Statt seiner bevorzugten Vorgehensweise (er gibt dir Anweisungen, du führst diese Anweisungen aus) bekommst du von ihm nun das Mitspracherecht oder, besser gesagt, das »Mitspracherecht«. Das »Mitspracherecht« vom Kleinmacher sieht so aus: Er schreibt dir seine Anweisungen und möchte, dass du sie ausführst. Aber dazwischen darfst du in seiner Nachricht noch die Frage lesen: »Was meinst du?« Es ist dieses »Was meinst du?«, das man von Kleinkindeltern kennt: »Jonas, was meinst du? Putzen wir uns jetzt noch die Zähne?« Natürlich muss Jonas jetzt seine fucking Zähne putzen, und zwar pronto, aber durch die Frage fühlen sich seine Eltern nicht wie autoritäre Spießer, sondern wie Leute, die mindestens drei dänische Erziehungsratgeber gelesen haben.

Das »Mitspracherecht« macht aus uns den kleinen Jonas. Wir müssen nicht nur unsere Zähne putzen, sondern auch noch so tun, als sei das unsere Entscheidung gewesen. Nicht mal der kleine Jonas glaubt an das »Mitspracherecht«, geschweige denn eine erwachsene Frau mit mehreren Jahren Berufserfahrung. Das Fragezeichen ist in dem Fall nämlich gar kein Fragezeichen, sondern ein Ausrufezeichen mit Plastikbrille und falschem Schnurrbart.

Am besten gehen wir im Umgang mit Kleinmachern so vor wie beim Manspreading. Wenn es die Situation nicht anders erlaubt, wechseln wir den Sitz, den Waggon oder steigen aus der U-Bahn aus und fahren den Rest mit dem Bus. Wenn wir uns aber sicher genug fühlen, geben wir dem Druck nicht nach, berühren sachte mit unserem Bein seins und schieben es dann langsam, aber bestimmt auf seine Seite zurück. Und dann beginnen wir, unsere Arme abzuwinkeln, denn puh … unsere Brüste sind einfach sehr, sehr groß.

Der Fopper

Du bist wie eine Ballerina, oder wie heißt
das große graue Tier mit dem Rüssel?

Keine Angst, deinen Friseur können wir
verklagen.

Heute wird scharf geschossen,
notfalls auch mit Komplimenten.

Schönes Kleid! Gab es das auch in deiner Größe?

Keine Nachricht ohne witziges Foppen. Jede Konversation beginnt mit einer kleinen Fopperei, die in ein
anstrengendes Fopp-Inferno gipfelt, wenn man der
Sache nicht Einhalt gebietet. Urheber der Foppschaft
sind zumeist Anwälte oder Steuerberater, die lieber
Dieter Nuhr geworden wären. Wenn der Fopper älter
ist, ist er auch ein Fan aller Achtzigerjahre-Sprüche
wie »zum Bleistift« oder »lieber arm dran als Arm ab«.

Wo du am Anfang noch von seiner Fröhlichkeit angetan bist, genauso sehr nerven dich schon nach kurzer Zeit seine Fopparien. Grundsätzlich muss man sagen, der Fopper meint es nicht böse, er hat einfach keine Ahnung von anderen Menschen, insbesondere Frauen. Schon in den ersten fünf Sekunden jedes Dates landet er den ersten Fopp und macht beispielsweise einen unangebrachten Witz über deine neue Frisur. Je mehr du dich dagegen wehrst, desto tiefer werden die Einschläge, weil der Fopper denkt, das sei Flirten.

Er begreift nicht, dass jeder seiner Sprüche Grenzüberschreitungen in puncto Höflichkeit darstellen. Man kann es ihm nicht so richtig übel nehmen, weil er es einfach nicht besser weiß. Schon in der Schule äußerte sich sein einziger Kontakt mit Mädchen im einseitigen Bewerfen von Füllerpatronenkügelchen. Welche Seite da die wurfaktive war, müssen wir jetzt nicht extra betonen.

Trotzdem kann es im Erwachsenenleben passieren, dass du dem Fopper bei einem fünfunddreißigsten Geburtstag in der Elf-Zimmer-Wohnung des einzigen Juristen in deinem Freundeskreis begegnest. Nach drei Gläsern Wein wirkt der Fopper auf dich so erfrischend und lebensbejahend, besonders wenn du gerade drei Chat-Affären mit depressiven mittelalten DJs hast. Der Fopper ist ein alberner, aber hingebungsvoller Entertainer. Warum nicht mal Nummern austauschen?

Eigentlich hättest du schon misstrauisch werden müssen, als er seinen Job als Strafverteidiger beschrieb mit »Legal, illegal – Ikearegal« und dann in schallendes Gelächter ausbrach. Vor eurem ersten Treffen zu zweit beschleichen dich schon erste Zweifel. Wieso muss eigentlich jede seiner Nachrichten entweder mit dem einäugigen Zwinkersmiley oder dem sich kaputtlachenden Dreiecksaugensmiley enden? Hat er gerade wirklich ein Foto von einer geöffneten Haribo-Tüte geschickt mit dem Spruch »Freiheit für Gummibärchen, weg mit der Tüte«? War sein schönstes Kompliment tatsächlich »Gemeinsam sind wir unausstehlich«? Zu spät zum Nachdenken, du hast bereits die gemeinsame Essenseinladung zugesagt (»lieber Forelle blau als Rollmops nüchtern«). Du hättest vorher wissen müssen, dass er dich natürlich begrüßt mit: »Oha, so siehst du also nüchtern aus!«

Falls du nach dem Essen inklusive Foppfest trotzdem noch mit ihm ins Bett willst, würden wir empfehlen, ihn zu knebeln – auf jeden Fall noch, bevor du nackt bist (»Petting statt Pershing«). Vielleicht gibt es die eine oder andere von euch, die besser mit den Sprüchen klarkommt, der Fopper ist ja auch im Prinzip kein schlechter Mensch. Falls du also einen geheiratet hast, mach dir nichts draus. Ab einem gewissen Alter geht das alles als »Dad-Joke« durch und ist sowieso unerheblich.

Falls du mit ihm zusammen bist, aber ihn ehrlicherweise keine vier Minuten erträgst, lass ihn frei, mach Schluss (»lieber ein Ende mit Schrecken als ein Schrecken ohne Ende«), lass ihn eine lustige Fopperin treffen. Bleib alleine zu Hause und ruh dich aus, gemeinsam mit deinen feinsinnigen Formulierungen.

.

Der Einkaufs-
zettel

Bringst du nach der Arbeit Brot mit?

Wann wollen wir morgen los?

Wie soll das Wetter werden?

Keine Ahnung

ok

Nachrichten von Männern können richtig gute Laune machen, auch wenn man das als andersgeschlecht-lich datende Singlefrau irgendwann nicht mehr glauben kann. Aber erfreuliche Chats mit Männern sind wie weibliche Regierungschefinnen, ein paar davon gibt es, und das lässt viele Frauen auf bessere Zeiten hoffen.

Wenn du nun tatsächlich einen guten Chatpartner gefunden hast, der auch nicht nur in Textnachrichten überzeugt, kann sich unter Umständen eine ernsthafte Beziehung daraus entwickeln. Eure Nachrichtenfrequenz wird zunächst zunehmen, ihr werdet euch Guten-Morgen-Gute-Nacht-Ich-liebe-dich-ich-dich-auch-ich-vermisse-dich-ich-dich-noch-viel-mehr-SMSe hoch und runter schreiben und dabei nicht an Herzchenemojis sparen.

Ihr werdet euch gegenseitig fragen, wie es dem anderen geht, was er gerade anhat, wie er sich fühlt, ob er auch noch so verliebt ist und was euch die Hormone eben noch so einflüstern. Nach und nach werden eure Nachrichten jedoch von praktischeren Fragen überlagert, so ein Pärchenalltag muss ja schließlich organisiert werden. Wer hat wann Zeit, worauf Lust und wer kauft welches Gemüse fürs Wochenende. Aus den Herzchen- werden nach und nach Hochgestreckte-Daumen-Emojis.

Wenn sich euer Chatverlauf dann schließlich liest wie ein Einkaufszettel, seid ihr schon sehr lange zusammen. Die Einkaufszettelphase einer Beziehung mag unromantisch klingen, hat aber viele Vorteile. Endlich musst du nicht mehr so tun, als hättest du keine Verdauung und keine bequeme Unterwäsche. Und du musst nicht mehr tagelang warten, ob er sich jetzt wieder meldet, oder ausrechnen, wann du dich dann wieder melden kannst. Das ist besser für dein Seelenheil als dreimal die Woche Yoga, was du ja eh nicht mehr machst, seitdem du in dieser festen Beziehung bist.

Es könnte also alles schön sein, würdest du nicht irgendwann anfangen, die Aufregung zu vermissen. Wenn jetzt eine Nachricht von ihm kommt, ist das einzig Spannende daran, ob er dich nach der Essensplanung fragt oder ob du seine Brille gesehen hast. Dieser Einkaufszettel ist angenehm und verlässlich und, wenn du es nach der Arbeit nicht mehr zur Reinigung schaffst, eine echte Erleichterung. Aber er ist eben nicht sexy. Fast vermisst du jetzt sogar Dickpics. Aber natürlich nur fast.

Sobald sich bei dir emotionale Langeweile einstellt, wird es gefährlich, denn sie ist der Zunder unter den Gefühlen. Sie bringt dich dazu, mit dem Kollegen anzubandeln oder mal eben kurz die Beziehung zu diskutieren, sprich alles in Schutt und Asche zu legen. Und zwar einfach nur, weil du endlich wieder ein bisschen Drama spüren möchtest.

Als du noch gedatet hast, war dein Nachrichteneingang wie eine Jukebox der Emotionen, ständig kam überraschend eine neue rein. Auch wenn diese Jukebox anscheinend von einem traurigen Betrunkenen mit einem Hang zu schriller Discomusik gefüttert wurde. Es lief ja eigentlich nie etwas, das du dir gewünscht hättest. Aber es war aufregend, und in deiner Erinnerung erscheint es dir nun wie eine goldene Zeit.

So ist das Leben, denkst du dir. Du wirst geboren, bekommst etwas, willst dann das genaue Gegenteil, bekommst es, willst wieder das andere, und das geht so weiter, bis du irgendwann stirbst. Und während du darüber sinnierst, brummt dein Smartphone, und dein Partner will wissen, ob er für dich später noch zur Reinigung gehen soll. Du schickst ihm einen hochgestreckten Daumen, nach kurzem Überlegen noch ein Herzchenemoji hinterher und textest dann deinen Singlefreundinnen. Sie sollen dir mal bitte Screenshots schicken von ihren letzten Tinder-Konversationen, weil du dich doch so gerne mal wieder richtig aufregen möchtest.

Das Ave-Maria

Sorry. Ich hätte dir wahrscheinlich
ehrlich sagen müssen, dass ich eine
Freundin habe.

Ach Quatsch, du unfassbar großes Arschloch,
das kann einem ja mal passieren,
dass man seine Schlüssel vergisst oder
das Handy oder eben, dass man eine
Freundin hat, die man erwähnen müsste,
wenn man schon seit Monaten Sex
miteinander hat.

Wie war deine Woche? Hast du den Job
erledigt? Ich bin gerade auf dem Weg zur
Arbeit, bei mir ist auch ziemlich viel los,
aber ich bin guter Dinge. Unsere Nacht
war echt schön. Wollen wir dann bald
wieder was trinken gehen?

(zwei Wochen später)

Hi Malik. Ist alles okay bei dir?
Wir wollten uns doch mal wieder treffen,
wie sieht es denn aus bei dir?

Hallo! Sorry, dass du dich ignoriert
fühlst. Bin gerade am Flughafen auf
dem Weg nach Brüssel.
Wäre cool, dich mal wiederzusehen,
wenn ich wieder da bin.

_____

Hi David. Wir haben miteinander geschlafen,
und seitdem gehst du auf Distanz. Jetzt möchtest
du mit einer Frau in den Urlaub fahren,
mit der du Sex hast, und fragst mich
ernsthaft, ob ich danach mit dir ans Meer
fahren möchte? Was soll das?

Sorry! Ich kann verstehen, dass du mich nicht
mehr sehen willst. Die Urlaubsidee war dumm.
Sorry! Wir haben uns einfach zum falschen
Zeitpunkt kennengelernt, aber ich bin nicht
zynisch!! Tut mir leid, wenn du dich fühlst,
als hätte ich mit dir gespielt.

Perfekte Anlässe für eine Entschuldigung via Textnachricht, anstatt persönlich oder zumindest fernmündlich um Verzeihung zu bitten:
- wenn du dich bei einem Treffen um ein paar
  Minuten verspätest;
- wenn du mal wieder aus Versehen auf den Video-
  anruf-Button gedrückt hast, obwohl du nur
  schreiben wolltest;
- wenn deine Antwort nicht gleich kam, weil du zu
  sehr im Stress warst oder mitten in der Konversation eingeschlafen bist.

Weniger perfekte Anlässe für eine Entschuldigung via
Textnachricht:
- wenn du gerade via Textnachricht Schluss machst
  und das mit »Sorry!« einleitest;
- wenn du dich wie der allergrößte Lauch benom-
  men hast;
- wenn du dich wie der allergrößte Lauch benom-
  men hast und dich darüber hinaus seit Ewigkeiten
  nicht mehr gemeldet hast.

Es ist ein dummes Geschlechterklischee, dass Männer sich nicht entschuldigen können. Im Gegenteil,
sie machen das sehr oft: »Entschuldige, dass du dich
verletzt fühlst«, oder: »Tut mir leid, dass du so über-
reagiert hast«, oder: »Sorry, dass du traurig bist.« Es ist
erstaunlich, wie häufig sie sich für deine Gefühle entschuldigen, aber eben nicht für ihr Verhalten.

Das Sorry per WhatsApp ist das Ave-Maria unter den Nachrichten. Wenn er mit deiner Schwester geschlafen hat, um anschließend sie und die gemeinsamen Zwillinge für deine Mutter zu verlassen – und das alles, während du ihn datest –, kann dies alles mit einer einzigen WhatsApp entschuldigt werden, solange sie wenigstens einmal das Wort »sorry« enthält.

Zumindest denkt er so.

Das hat er so in der Kirche gelernt. Genau wie im Beichtstuhl sieht man sich nicht, während man pflichtschuldig sämtliche Vergehen herunterleiert. Anders als bei der Beichte bekommt man nicht vom zuständigen Priester diverse Ave-Marias zur Tilgung sämtlicher Sünden aufgebrummt, sondern darf die Anzahl dieser jeweils selbst bestimmen. Für größere Vergehen darf ruhig verschwenderisch mit »Sorrys« und »Tut-mir-Leids« um sich geworfen werden, für kleinere reicht schon ein halbwegs eingestreutes.

Das absolut Faszinierende an den Ave-Marias ist, dass sie wie eine in den USA übliche Verschwiegenheitserklärung funktionieren (mit dem Unterschied, dass Weinsteins Versicherung leider keinen Pfennig bezahlt und du trotzdem die Klappe halten musst). In der Sekunde, in der du dein Ave-Maria erhältst, musst du mit allen dir vom anderen zugefügten Unverschämtheiten und Verletzungen deinen Frieden schließen. Er hat ja schließlich »sorry« geschrieben. Mist.

Egal, ob er monatelang so getan hat, als wäret ihr ein Paar, obwohl er mit seiner Lebensgefährtin eine Straße weiter wohnte, die du dann zufällig auf einer Party triffst … Halt die Klappe, er hat sich doch per WhatsApp entschuldigt.

Er hat dich bei eurer Zusammenarbeit gestalkt wie ein Irrer und hat dreißig Mal pro Nacht angerufen, sodass du dir endlich doch das richtig teure Panzer-riegelschloss an deiner Wohnungstür hast einbauen lassen. Hey, Schwamm drüber, er hat ja schließlich geschrieben, dass es ihm leidtut. Was bist du nur für eine rachsüchtige, verbohrte Mimose, die die Sache nicht nach dem ersten WhatsApp-Piepsen gut sein lassen kann?

Der virtuelle Kniefall ist die wahrscheinlich angenehmste Entwicklung der modernen Welt. Wärst du vor zweihundert Jahren entehrt worden, hätten sich noch alle wahnsinnig kompliziert duellieren müssen. Heute tippen sie fünf Buchstaben in ihr iPhone, und die Sache hat sich.

Im Prinzip hast du zwei Möglichkeiten, die ebenfalls dem Katholizismus entliehen sind: Entweder du verfällst in ewiges Schweigen und verrottest innerlich wie ein Pausenbrot während der Sommerferien, oder du zettelst einen langwierigen Glaubenskrieg an. Ach, wie schön waren doch die Zeiten mit Tränen und Vorwürfen, wo man dann irgendwann erschöpft und gereinigt nach Hause fahren konnte. Das ist vorbei. Und hier kommt die dritte Möglichkeit ins Spiel, die einzige, die die katholische Kirche noch nie ausprobiert hat: Modernisiere dich!

Du fährst die gleiche Taktik, nur schneller. Sobald es blöd läuft und du hast keine Ahnung, wieso, schreist du ihn nach Herzenslust an, wirfst irgendwas kaputt und machst ihm alle Vorwürfe, auf die du schon immer mal Lust hattest. Hier ist sogar die analoge Variante erlaubt, wenn du Freude daran hast. Wichtig ist nur, dass du danach schnell genug verschwindest, um ruckzuck von der Currywurstbude an der Ecke aus ihm so schnell wie möglich ein »S O R R Y ! :)« zu schicken.

Wenn er dann euren gemeinsamen Freunden erzählt, du wärst eine Psychopathin, zuckst du nur lässig mit den Schultern und entgegnest, dass du dich ja schon in aller Form per WhatsApp entschuldigt hast, ganz so, wie es die Höflichkeit gebietet, und wenn er das nicht akzeptieren kann, ist er vermutlich frustriert oder unsterblich in dich verliebt oder beides.

Herzlichen Glückwunsch, du hast ihn mit seiner eigenen Taktik geschlagen. Aus der Nummer, die ansonsten dir geblüht hätte, kommt er nicht mehr raus. Diese Kommunikationsstrategie ermöglicht dir, dem Ave-Maria würdevoll zu begegnen, aber trotzdem die ganze angestaute Wut loszuwerden, ganz so wie früher, als das noch erlaubt war.

Es gibt sie eben doch noch, die guten alten Dinge.

Solotasking

Was hältst du davon, wenn wir die Woche
endlich mal unseren Kinobesuch angehen?
Soll ich mal ins Programm gucken?

(vier Wochen später)

Sorry für die Funkstille, aber war alles 'n
bisschen viel in letzter Zeit, musste erst mal
nach Portugal zum Surfen.

Hey, wolltest du mir nicht antworten?

Doch!!! Aber ich bin im September
umgezogen, deshalb konnte ich nicht schreiben!

Hä? Wir haben Dezember.

Ein altes Klischee besagt, dass Frauen besonders multitaskingfähig sind. Das gilt zwar als wissenschaftlich widerlegt und ergäbe evolutionär auch gar keinen Sinn, es ist aber eine gute Ausrede, um ihnen Lohnarbeit, Hausarbeit UND Erziehungsarbeit aufs Auge zu drücken. Männer, die vorgeben, schon mit zwei Aufgaben gleichzeitig heillos überfordert zu sein, müssen bestenfalls erst gar nicht mehr antreten, wenn es was zu tun gibt. Das ist der gleiche Trick wie früher als Kind, als du extra schlecht abgewaschen hast, um das nicht mehr machen zu müssen. Nur hast du das damals halt nicht auf deine Gene geschoben.

Tatsächlich ist Multitasking ein Mythos. Wer mehrere Dinge gleichzeitig erledigt, ist weniger konzentriert und leistungsfähig. Und es stresst außerdem ungemein. Deshalb erfreut sich auch die ganze Achtsamkeitsnummer solcher Beliebtheit. Endlich gilt es wieder als erstrebenswert, sich jeweils nur um eine Sache zu kümmern. Also, außer, du bist berufstätige Mutter natürlich, da kannst du dir deine Achtsamkeit aber lange wünschen.

Vom überfordert scheinenden Mann können wir also alle viel lernen, auch von seinem Kommunikationsverhalten. Wenn du Nachrichten schreibst, während du Netflix guckst, im Büro sitzt, mit Leuten redest oder während neben dir die Milch überkocht, dann betrachte dieses Kapitel als hilfreiche Inspiration.

Der Solotasker wirkt zunächst ganz normal, er führt ein durchschnittlich stressiges Leben. Er hat einen normalen Job, verreist manchmal, treibt Sport und hat Freunde. Er ist weder Geheimagent noch Astronaut. Nichts deutet also darauf hin, dass er dir nur selten antworten kann. Deshalb verstehst du es zunächst auch falsch, als er dir vier Wochen lang nicht schreibt, weil »gerade so viele Leute um mich herum Geburtstag haben«. Hm, denkst du. Wahrscheinlich ist das seine Version von: »Ich bin nicht an dir interessiert.« Immerhin würdest du interessanten Männern auch an deinem eigenen Geburtstag antworten. Was heißt würde? Du hast es schon gemacht. Du hast sogar weniger interessanten Männern an deinem Geburtstag geschrieben, sogar auf der Beerdigung deiner Großtante. Jedenfalls würden dich ein paar Partys nicht davon abhalten, einem Mann zu texten, ganz im Gegenteil. Dagegen würdest du solche kruden Begründungen nutzen, um Typen zu verstehen zu geben, dass du nicht an Kontakt interessiert bist: Sorry, kann gerade nicht, ich muss zum Tierarzt/ zum Frisör/diese meeega anstrengende Phase im Job bewältigen. Sorry, take care!

Doch der winkende Zaunpfahl, den du in die Nachricht des Solotaskers hineininterpretierst, ist von ihm gar nicht beabsichtigt. Er ist schon irgendwie interessiert, aber wirklich sehr gestresst. Er kann einfach nicht gleichzeitig Geburtstagsgeschenke kaufen und sich auf eure Kommunikation konzentrieren. Er kann auch nicht texten und arbeiten oder einkaufen oder am Strand liegen. Deshalb kann es sein, dass zwischen deiner Nachricht und seiner Antwort ein paar Tage ins Land ziehen oder ein paar Wochen oder Monate. Wären alle Menschen so wie der Solotasker, das Leben wäre vielleicht besser. Du könntest endlich mal ungestört einen Film gucken, ohne dauernd zurückspulen zu müssen, weil du währenddessen gechattet hast. Du könntest konzentrierter arbeiten, deine Freundinnen nicht nerven mit deinem Getippe, und Milch würde auch nie wieder überkochen. Du hättest genug Zeit, um mal darüber nachzudenken, weshalb du eigentlich so oft Kontakt mit Männern hast, die dich immer warten lassen. Die nur dann auftauchen, wenn in ihrem Leben ansonsten wirklich gar nichts anderes los ist. Und für die es schon zu viel Anstrengung bedeutet, dir innerhalb von achtundvierzig Stunden zu antworten. Dann könntest du daraus deine Schlüsse ziehen und ein glücklicheres neues Kapitel in deinem Leben aufschlagen.

Und gerade wenn du damit beginnen würdest, käme eine Nachricht vom Solotasker. Er hat in den letzten Wochen so viel Yoga gemacht und infolgedessen sein Telefon irgendwie vergessen. Aber jetzt ist er wieder aufnahmefähig und wollte mal hören, wie es dir so geht. Na ja, was soll's? Antwortest du ihm halt, ist ja schließlich dein Geburtstag.

Der Auto-
verkäufer

Ich glaube, es ist wirklich besser,
wenn wir uns trennen.

Hey, lass uns doch einen Kompromiss
finden. Du willst alles, was wir hatten,
in den Wind schießen. Ich würde lieber
einen Kompromiss vorschlagen und es noch
eine Weile versuchen und gucken, ob du
wirklich nicht mehr willst.

Beim Schlussmachen gibt es
keine Kompromisse.

Du klingst verwirrt, ich komme
einfach mal mit 'ner Flasche Wein vorbei.

Ich glaube, es ist wirklich besser,
wenn wir uns trennen.

Du glaubst es, oder du weißt es ganz sicher?
Liegt es vielleicht eher an deinem Stress
im Job oder an deinem letzten Umzug,
dass du dich unglücklich fühlst?

> Ja klar, läuft wohl gerade alles nicht so.

Du klingst traurig, ich komme mit
einer Flasche Wein vorbei.

───────────────────────────

> Ich glaube, es ist besser,
> wenn wir uns trennen.

Hier ist ein Song von U2,
den ich nicht aus dem Kopf kriege,
bei dem ich an dich denke und
der so viel über uns erzählt.

> Danke und danke für die schönen
> Fotos von uns. Ich habe eine Flasche
> Wein aufgemacht. Willst du vorbeikommen?

───────────────────────────

> Ich glaube, es ist besser,
> wenn wir uns trennen.

Bist du traurig?

Klar bin ich traurig,
sehr traurig sogar.

Ich komme vorbei. Das kann ja
nicht der Sinn des Lebens sein,
dass wir beide traurig zu Hause hängen.

Du hast Kevin gerade diese eine taktvolle, emotionale, aber nicht zu emotionale Schlussmach-Mail geschrieben.

Im Anschluss hast du dir erleichtert ein Glas Wein
eingegossen und begonnen, nach einer neuen Serie
für dich zu suchen, in der alles vorkommt, was Kevin
nicht interessiert hat, da piept plötzlich dein Handy,
und wieder und wieder.

Natürlich ist es dein frischgebackener Ex. Du beginnst zu lesen, siehst dir die zugesandten Bilder an,
es piept wieder und wieder, du schreibst ein oder zwei
Mal zurück, und schwupp seid ihr wieder zusammen.
Aus deiner neuen Serie wird nichts. Du musst zusammen mit Kevin weiter uralte Folgen von *Navy CIS*
gucken. Warum? Wie ist das passiert?

Du warst doch fest entschlossen, hattest in deinem
Kopf alle Argumente fein säuberlich durchleuchtet,
dich innerlich bereits verabschiedet und heimlich beschlossen, sein Schlaf-T-Shirt und die TV-Boxen als
Abschiedsgeschenk zu behalten. Es lief doch alles so
gut. Wieso liegst du da wieder mit ihm zusammen

auf deiner viel zu engen Couch? (Und wieso hat er das Schlaf-T-Shirt an und nicht du?)

Vielleicht warst du bisher in deinem Leben auch kein Ausbund an Disziplin, aber zumindest die großen Abschiede hast du doch irgendwie immer mit beschlossen. Tja, deine Situation lässt sich ganz einfach erklären. Du bist an den sogenannten Autoverkäufer geraten. Du kannst nichts dafür, dass deine Entscheidung hier nichts zählt. Er ist ein Vollprofi, und er weiß, wie er dir die Sinne vernebelt und sich selbst so lange und geschickt anpreist, bis du davon überzeugt bist, dass du keine Sekunde weiterleben kannst ohne ihn. Ein »Nein« akzeptiert er eben nicht. Das ist für ihn nur Verhandlungsmasse, bevor er dir den rumpeligen Karren eines Kompromisses andrehen wird. Wenn du also ganz eindeutig Schluss machen willst, handelt er dich mindestens auf einen Blowjob herunter (oder herauf, das liegt im Auge des Betrachters). Wenn du eine schlechte Verhandlerin bist, bleibst du nach jedem Schlussmachversuch noch weitere drei Jahre mit ihm zusammen.

Wir wissen selbst nicht so genau, wie er seine Argumentation aufbaut und warum es so gut funktioniert, weil wir ja auch ziemlich oft und grundlos wieder mit ihm zusammengekommen sind. Vermutlich ist es dieser Schwall aus diversen Argumenten, alten Pärchenfotos von überglücklichen Momenten und diesen Songs, die er verschickt und in deinen verwirrten Kopf pflanzt. Wahrscheinlich hat Kevin auch ganz einfach ein untrügliches Gespür dafür, in welchem Moment du innerlich wankst und wo deine Schwachstelle ist. Entweder er appelliert an dein Gewissen und arbeitet mit gezielter emotionaler Erpressung à la »Wie kannst du uns das antun, wo wir doch gerade auf einem guten Weg waren?«, oder er findet, genau wie du ja eigentlich auch, dass das Leben viel zu kurz und zu schön dafür ist, heulend zu Hause zu sitzen.

Eigentlich hat er ja auch recht, und sein verständnisvoller Tonfall suggeriert dir, dass da für euch beide noch total viel zu holen ist in dieser mittelmäßigen, leicht schnarchigen Beziehung zweier Menschen, die überhaupt nichts gemeinsam haben. Vielleicht hast du dich ja getäuscht und bist aus rätselhaften Gründen einfach nicht in der Lage, dieses Hammerpotenzial zu sehen, das da nutzlos brachliegt.

Ist der Autoverkäufer erst mal wieder auf deiner Couch gelandet und die erste Folge CSI läuft bereits, begreifst du schnell, dass sich natürlich gar nichts ändern wird. Seine Argumente dienten nur dazu, den Ursprungszustand wiederherzustellen. Es ging natürlich nicht um eine langfristige Verbesserung, so wie du idiotische Idiotin das geglaubt hast. Es ging einfach nur darum, in diesem einen Moment die besseren Argumente zu haben, so wie bei der Bundestagswahl. Es geht erst mal ums Gewinnen. Ob die ganzen Vorsätze und übertriebenen Versprechungen dann eingehalten werden, interessiert doch kein Schwein, zumindest sieht das der Autoverkäufer so.

Du trinkst den restlichen Wein aus, folgst den Helden aus *Navy CIS* nur mit einem Auge und begreifst, dass du bald wieder einen Anlauf nehmen musst, diesmal aber besser vorbereitet und emotional gefestigter, sonst klappt es nicht. Du weißt ja, der Autoverkäufer hat es schon einmal geschafft, dir den rumpeligen Renault Twingo von 1996, der eure Beziehung darstellt, auf deinen Hof zu fahren (und du hast dich sogar noch gefreut). Das darf nicht noch mal passieren! Konzentrier dich, hör nicht hin, was er sagt, nimm notfalls Ohropax, aber zieh es durch. Probiere erst gar nicht, mit irgendwelchen Argumenten loszulegen. Wenn du realistisch bist, weißt du sowieso, dass er dir alles im Mund herumdrehen, dich nach dem Sinn des Lebens fragen wird und zum Schluss einen Kompromiss aushandelt, der in Wirklichkeit gar kein Kompromiss ist.

Vielleicht kannst du zur Vorbereitung mit einem echten Autoverkäufer üben. Wenn du es da schaffst, mit dem geplanten vernünftigen Gebrauchtwagen vom Hof zu fahren, bist du bereit. Besitzt du plötzlich einen Mercedes G-Klasse mit Soundsystem und Alufelgen, für den du bis an dein Lebensende verschuldet sein wirst, hast du zwei Dinge gelernt: Erstens, das ist ein sehr, sehr hässliches, angeberisches Auto. Zweitens, der Autoverkäufer wird bis zum Sankt-Nimmerleins-Tag auf deinem Sofa liegen.

Der Chatsetter

Hey, Saint-Tropez ist der Hammer!
Wir haben eine geile Yacht und
jeden Abend Party!

Wer bist du?

Fred.

Ach so, sorry, hatte letztes Jahr
deine Nummer gelöscht. Viel Spaß.

Grüße von der Berlinale! Wir haben so
abgefeiert mit Quentin, Brad und Leo!
Es ging bis morgens um fünf.

Wer sind Quentin, Brad und Leo?
Sind das deine Katzen?

Merry Christmas! Wir sind wieder auf den Malediven, wie immer. Hier ein paar Bilder von uns und den Kids!

Äh, danke?

Wir sind auf den Seychellen. Atemberaubend!

Wir haben Delfine gestreichelt! (35 Fotos)

Sylt ist wie immer der Hammer! (35 Fotos)

Weihnachten bei den Müllers! (35 Fotos)

Torben (53 cm, 3821 gr) ist da! (35 Fotos)

Erinnert sich noch jemand an Postkarten? Dank Textnachrichten sind unsere Urlaube jetzt gefühlt zehn Prozent länger als früher, als wir noch in heruntergekommenen Souvenirshops standen und nach geeigneten Postkarten suchten. Erst dauerte es ewig, mal keine vergilbte, versexte oder todlangweilige Karte zu finden, dann mussten wir uns mit unserem Fantasieitalienisch à la »quattro stamps to Germania, por favore« blamieren, und dann ging der Spaß ja erst richtig los. Wir haben in unserem Leben tausend Variationen von »das Wetter ist schön, das Essen schmeckt, ich erhole mich gut« auf Postkarten geschrieben. Natürlich mit übertrieben großer Schrift, damit der Platz schnell ausgefüllt war und wir nicht noch Details zum Hotel draufpacken mussten.

Diesen Aufwand haben wir im Grunde nur betrieben, damit Familie und Bekannte darüber informiert wurden, dass wir an einem supergeilen Strand sitzen und Cocktails trinken, während die Empfänger gerade im regnerischen Cuxhaven Abendbrotstullen schmieren. Also ein bisschen so wie analoges Facebook oder Instagram, nur mit dem Unterschied, dass man mithilfe von Postkarten nicht herausfinden konnte, ob der süße Schwarm aus Schulzeiten nun verheiratet ist oder nicht.

Der Chatsetter hat die Postkarten für sich in die Gegenwart übersetzt. Er schickt dir in unregelmäßigen Abständen Fotos von Südseestränden, Galadinners und Rooftop-Bars. Darunter schreibt er dir wie auf einer Postkarte lediglich: »Wirklich geil hier! LG Volker«, und du denkst, du müsstest auch mal wieder auf ein Galadinner, während du in deine Klappstulle beißt.

Wenn du darüber hinaus aber auch noch denkst, Volker schicke dir das Sonnenuntergangsfoto als Anlass, um mal wieder zu kommunizieren, hast du dich geschnitten. Du kannst ihm natürlich im Gegenzug ein Foto von deinem Hinterhof in Cuxhaven senden und ihm darüber hinaus ein bisschen erzählen, wie es bei dir gerade so auf der Arbeit läuft, aber er wird dir nicht antworten. Du hörst erst wieder etwas von ihm, wenn er diese geführte Eselstour auf Madeira macht und dir davon ein Foto schickt. Eine derart einseitige Brieffreundschaft führst du ansonsten nur mit dem Polizeipräsidenten. Aber auf eine Urlaubspostkarte antwortet man ja schließlich auch nicht.

Der Chatsetter möchte von dir vielleicht keine tiefgehende Freundschaft, aber immerhin vertraut er dir gut genug, um dich immer darüber zu informieren, wann er nicht zu Hause ist. Einen Einbruch in seine leere Wohnung traut er dir also schon mal nicht zu.

Nimm seine Nachrichten also am besten einfach als Inspirationen für deine nächsten Reisen. Von denen wirst du dann aber auch keine Postkarten mehr schreiben, sondern Fotos von deinem Balkon mit Meeresblick an alle Kontakte in deinem Adressbuch schicken. Ja, alle, auch an den ADAC und deine HNO-Ärztin.

Bis dahin könntest du Volker noch ein kleines Extra gönnen. Schließlich bietet das Internet jede Menge Fotos von exotischen Reisezielen und Tutorials über Bildbearbeitung. Nutze das und antworte ihm mit einem Selfie von dir auf Galapagos, dem Mount Everest, der Queen Mary 2 oder dem Mars. Darunter schreibst du: »Hi Volker, hier ist es ganz schön warm/kalt/windig/sauerstoffarm, das Essen schmeckt, ich erhole mich. LG«

Der Liker

Foto von Spargel

Foto von deiner schlafenden Katze

Gefällt mir

Foto von deinem Fuß

Im 12. Jahrhundert entwickelte sich in der höfischen Ritterkultur Europas der Minnesang. Eine Form dieser gesungenen Liebeslyrik galt der Hohen Minne. Die Hohe Minne war so etwas wie die romantische Anbetung aus der Ferne, aber als Kunstform. Der Mann himmelte dabei eine ihm höher gestellte Edelfrau an und verpackte sein Werben in Reime. Es ging

ihm nicht darum, die Dame ins Bett zu kriegen, er akzeptierte, dass sie unerreichbar war. Es ging ihm nur um Ehrerbietung. Sein Ziel war, ihr zu dienen und nicht zuletzt auch für sein kunstvolles Schmachten bewundert zu werden. Der Lohn für ihn war also ideell, nicht sexuell. Wer die Frau war, was sie wollte und wie sie ihn überhaupt so fand, spielte dabei keine Rolle. Sie war lediglich das Objekt, auf das er seine Ideale projizierte.

Lange Zeit hielt man die Hohe Minne für ausgestorben, aber entweder überlebte sie im Untergrund oder sie schlief einfach nur sehr lange. Jedenfalls ist sie *alive and kicking*, allerdings in leicht geänderter Form. Heute brauchen unsere Minnemänner keine Lyrik mehr und auch keinen Gesang, es reicht ihnen ein schnöder Like-Button.

Um der Angebeteten ihre erwartungs- und bedingungslose Zuneigung zu versichern, drücken sie auf Herzen, Daumen und Smileys unter jedem Social-Media-Post, den sie ins Internet schickt. Darüber hinaus gibt es keine Kontaktversuche, keine Direktnachrichten und keine SMS. Nichts, was über die pure Anhimmelei hinausgehen würde. Die Nachrichten des Likers sind wortlose Zeichen der Verehrung, sein Lohn ist einzig das gute Gefühl, das er ihr vermitteln möchte. Walther von der Vogelweide würde heute nicht mehr dichten, sondern um drei Uhr morgens dein Urlaubs-Selfie aus 2016 liken.

Wie sich das im Mittelalter so für verheiratete Edelfrauen anfühlte, wenn ein Mann in Strumpfhosen schmalzige Schmachtlieder für sie sang, ohne dass sie dabei irgendein Mitspracherecht hatte, können wir nur vermuten. Aber wie es sich anfühlt, wenn dieser eine Typ jedes deiner Fotos auf Insta innerhalb von drei Minuten likt, ohne dass er darüber hinaus Kontakt zu dir suchen würde, wissen wir durchaus: weird.

Wenn du dir nun einen Liker eingehandelt hast, jemand, den du vielleicht gar nicht kennst und der selbst unter deine langweiligsten Sonnenuntergangs-fotos ein Herzchen setzt, dann musst du dir über-legen, wie du damit umgehen möchtest. Je nach Cree-pinessfaktor kannst du ihm huldvoll vom Balkon zuwinken oder ihn in die Schlacht mit dem Drachen schicken. Immerhin haben wir dem Mittelalter nicht nur Deo und Penicillin voraus, sondern auch die Blo-ckierfunktion.

Der Talkshowgast

Hi!

Hallo Robert, schön, dass wir uns matchen.
Wie war dein Tag?

Gut, danke. Ich war lange im Büro
und habe danach mit meinen Jungs
Fußball im Park gespielt.
Wir treffen uns jede Woche,
seit Jahren schon.

Cool. Und was arbeitest du im Büro?

Ich arbeite in der Verwaltung. Klingt nach 'nem
langweiligen Job, aber ich mag ihn. Voll nette
Kollegen und entspannte Athmo. Ich wollte
eigentlich immer Journalist werden, aber ich bin
zufrieden, dass es anders gekommen ist.

Aha.

Ja, ich habe das auch zuerst studiert,
aber dann gewechselt,
weil ich lieber was Solides wollte.
Unsolide bin ich schon genug am Wochenende!

Hallo Mo, dein Profil gefällt mir.
Wo ist denn das letzte Foto entstanden?

Hi, danke! Das war mein letzter
Surfurlaub. Noch vor Corona!
Viel zu lange her.

Ja, das stimmt. Kannst du gut surfen?

Ja, ich liebe surfen.

Und wo surfst du am liebsten?

Eigentlich überall, wo gute Wellen sind.
Hab 'nen guten Neoprenanzug, der hält auch
kaltes Wasser aus.

Cool

Hast du noch Fragen zu meinen
anderen Profilbildern?

Den Talkshowgast triffst du beim Online-Dating. Du swipst dich zunächst durch zig Fotos von Männern, große, kleine, dicke und dünne. Viele zeigen sich mit nacktem Oberkörper, vor Autos oder bei irgendwelchen Extremsportarten. Bei denen wischst du aber schnell weiter, weil du es den ganzen letzten Monat schon wieder nicht zum Pilates geschafft hast.

Das beliebteste Motiv aber ist der hockende Mann vor dem Machu Picchu. Machu Picchu ist eine peruanische Ruinenstadt und anscheinend das Reiseziel aller Singles schlechthin. Nach dreißig Minuten auf Tinder hast du mehr Machu-Picchu-Fotos gesehen als eine Archäologieprofessorin in ihrem ganzen Berufsleben. Nur halt mit irgendwelchen Martins und Hassans und Patricks im Vordergrund. Das ist auf Dauer ein bisschen albern, aber immer noch besser als die ebenfalls beliebten Fotomotive »Mann neben einem betäubten Tiger« oder »Mann mit totem Fisch im Wasser posierend«.

Wenn du in dieser Auswahl auf einen Typen stößt, der dir gefällt und der dir ebenfalls ein Like gibt, stehen die Chancen gut, dass es sich bei ihm um einen Talkshowgast handelt. Mit ihm schreibst du dir keine schnöden Nachrichten, sondern ihr setzt euch quasi in ein gut ausgeleuchtetes Studio, die Visagistin pudert euch noch schnell die Stirn, und dann startet eure Kennlernrunde. Der Talkshowgast macht dabei den ersten Schritt und beginnt mit einem unverfänglichen »hi«. Du, alter Moderationsprofi, der du bist, blätterst

kurz deine Notizzettel durch und beginnst zum Auf-
wärmen mit einem netten Spruch zu seinem Profil.
Dann fragst du ihn ein paar oberflächliche Fakten ab.
Woher er kommt, was er beruflich macht, welche Musik er gerne hört, ob er Hobbys hat, Haustiere, Lieb-
lingsbücher oder wie ihm Machu Picchu so gefallen
hat. Der Talkshowgast antwortet rasch, er ist eloquent
und beantwortet dir gerne all deine Fragen, höflich,
witzig und nett. Er kennt seine Rolle, er weiß, dass er
in ganzen Sätzen antworten muss, um bei dir einen
guten Eindruck zu machen. Er gibt bereitwillig Aus-
kunft über sich, nur du, die Moderatorin, bekommst
keine Gegenfrage gestellt. Warum auch? Immerhin
geht's in der Show um ihn. Und wenn du von dir aus
etwas über dich erzählen möchtest, bitte, er hindert
dich ja nicht daran.

Aber er ist doch hier, damit du ihn kennenlernst,
und da du noch nie in Machu Picchu warst, ist ja klar,
wer von euch beiden der interessantere ist. Außerdem
ist es so herrlich bequem in diesem Gästestuhl, das
Publikum scheint zufrieden, und er fühlt sich einfach
wohl im Mittelpunkt. Und diese ganze Fragerei ist ja
auch Arbeit und dann noch unbezahlt. Das ist einfach
mehr so Sache der Frauen, die kümmern sich doch
gerne. Das können sie einfach besser.

Du hast ihm derweil alle Fragen gestellt, die dir so
einfielen. Selbst über Machu Picchu, was dich tatsächlich null interessiert, aber als du siehst, dass kein Ge-
geninteresse kommt, nimmst du dein Mikro ab, legst

die Gesprächskarten weg, gehst aus dem Studio und triffst ein paar Freundinnen zum Essen. Du erzählst ihnen, wie anstrengend Tinder ist, dann redet ihr über anderen Frauenkram wie Karriere, Politik und Freundschaften. Den Talkshowgast hast du längst vergessen. Er sitzt nun allein vor der App. Als nach zwei Stunden noch immer keine neue Frage von dir aufgeploppt ist, fasst er sich ein Herz und stellt dir doch noch eine: »Also treffen wir uns jetzt oder was ist?«

Die Auster

Es tut mir so leid, wie das damals
als Kind bei dir gelaufen ist
mit der Trennung deiner Eltern.
Und krass, wie dir das heute
noch nachhängt.

Danke, dass du mir zuhörst. Ich habe
das noch nie jemandem so erzählt.
Du bist die Einzige.

(Nächster Morgen)

Hey, unser Gespräch gestern war
wahnsinnig toll, und ich glaube,
ich verstehe jetzt vieles besser.

Hast du eventuell noch einen Fahrradschlauch?

_____

Als meine Schwester dann schwer
depressiv wurde, hat mich das absolut
beeinflusst und mir auch Angst gemacht,
weil ich ja gerade erst meine absolut
traumatische Scheidung hinter mir hatte.

Guten Morgen, geht es dir besser?

Natürlich, wieso fragst du?

_____

Hi, na? Wollte nur mal hören,
wie es dir geht.

Hallo Boris, schön von dir zu hören.
Habe gerade an dich gedacht, weil ich
mir die Kopfhörer gekauft habe,
von denen du mir erzählt hast.
Bei mir alles okay soweit, wie geht's
dir denn? Hast du immer
noch solchen Ärger mit deinem Chef?

Wie gefallen dir die Kopfhörer?

Einmal alle zwölf Jahre, wenn Vollmond, ein Schalt-
jahr und deine Menstruationsmigräne gleichzeitig
stattfinden, dann – und nur dann – öffnet sich die
Auster und präsentiert ihre Perle von einem tiefsinni-

gen, empfindsamen Charakter. Am nächsten Morgen verschließt sie sich wieder und tut so, als sei nichts gewesen, als hätte sie dir nicht von ihrer enttäuschenden Kindheit und dem Jobtrauma erzählt.

Die Perle, die du in diesem Menschen entdeckst, ist wunderschön und sehr besonders. Anders könnte er dich auch nicht bei der Stange halten. Umso größer ist der Temperaturwechsel am nächsten Tag zurück zu Oberflächlichkeiten wie dem Wetter oder schlimmstenfalls der Planung einer Fahrradtour rund um irgendeinen See, von dem du noch nie etwas gehört hast. Mit der Auster ist es wie mit umgekehrten Hundejahren. Wenn du sie richtig kennenlernen willst, dauert es im Schnitt etwa sieben Mal länger. Ein Austernjahr sind also sieben tatsächliche Jahre, die du für die menschlichen Basics brauchen willst. Währenddessen wirst du circa hundertsiebzig Mal den Eder- oder Scharmützelsee mit ihm gemeinsam umrunden und dich aufgrund seines hartnäckigen Schweigens und des vermeintlichen Desinteresses an tiefergründigen Erfahrungen fragen, ob er eigentlich noch alle Tassen im Schrank hat beziehungsweise du, wo du dir mittlerweile einen Wolf geradelt hast.

Die Auster schreibt dir regelmäßig nette Nachrichten. Sie möchte wissen, wie es dir geht und was du machst. Weil ihr euch gut kennt, bist du ihr gegenüber komplett offen. Okay, du bist auch fremden Menschen gegenüber komplett offen, dafür reicht meist schon ein Glas Sekt. Aber dem Austermann vertraust du und denkst, dass das auf Gegenseitigkeit beruht. Er hat diese unaufgeregte Beharrlichkeit, die du so schätzt. Aber während du dich in deinen Nachrichten an ihn quasi nackig machst, sitzt er da in Unterwäsche, Oberbekleidung, Wintermantel und deckt sich mit blickdichten Vorhängen zu. Der größte Seelenstriptease für ihn ist es schon, dir zu schreiben, dass es ihm okay geht.

Was dich bei der Stange hält, sind daher die rar gesäten Momente, in denen du die Perle sehen darfst. Seine innere Welt ist spannend, faszinierend und so feinfühlig, dass sich das Warten am Ende lohnt. Wenn du die Jahre dazwischen auch noch Lust auf gemeinsame Aktivitäten hast, bei denen man sich nicht tiefsinnig unterhalten kann/will/muss, umso besser.

Du solltest nur nicht versuchen, die Auster auf Teufel komm raus knacken zu wollen. Die Verletzungsgefahr dabei ist groß. Wenn er dir also nur über das Wetter, den DAX-Index, Innenpolitik oder die US-Wahlen schreibt, sparst du dir immerhin den Blick auf *Spiegel Online*. Wenn du es dir dabei gemütlich machst, abwartest und Sekt trinkst, kannst du ja in Seelenruhe abwarten, bis er sich das nächste Mal vor dir öffnen wird. Dann wirst du kurz das Funkeln sehen, und es wird dich bei eurer nächsten Seeumwanderung alle Pein vergessen lassen.

Falls du dir aber geschwätziges Bohemienleben, rauchend und in Cafés sitzend, vorgestellt hast, könnte sich das mit der Auster etwas langatmig gestalten, wenn nur einmal alle dreißig Minuten ein Wort gesagt wird.

Machst du aber übereifrig und aus den falschen Motiven mit der Auster Schluss, wirst du schon sehr schnell mit dem nächsten Schwätzer in Cafés sitzen und die Perle vermissen.

Am Ende aller Tage zählt ja nur, wie sich jemand verhält, und nicht, welch unzählige Großartigkeiten er von sich selbst behauptet. Wer das verinnerlich hat, kann sich ein wunderschönes, wortkarges und erfülltes Leben mit der seltenen Auster machen.

Der Emojimann

Ich wäre eben fast in den Barkeeper gerannt, der
uns neulich so abgefüllt hat. Verrückt!

He, he. Wie geht's dir so?

_____

Hey Pascal, wie war dein Urlaub?

In unserer Gesellschaft dürfen Männer in erster Linie
zwei Gefühle zeigen: Wut und Hunger. Beides keine
optimale Grundlage für eine angenehme Kommunikation. Deshalb hat sich die Technikgöttin etwas
Neues einfallen lassen, nämlich die Emojis.

Zu SMS-Zeiten gab es drei wichtige Symbole. :) bedeutete lustig, ;) war ein bisschen neckisch und :(meinte traurig. Das war klar und übersichtlich, damit konnte man arbeiten. Dann aber kamen die Emojis und mit ihnen mehr Ausdrücke von Gefühlen, als ein Durchschnittsmensch im Leben spürt.

Bei Wörtern als sprachliche Zeichen haben wir uns alle einmal darauf verständigt, was die genau bedeuten. Ein Hund zum Beispiel ist ein Säugetier mit vier Beinen und einem Schwanz, ein Tisch hat zwar auch vier Beine, aber ist ein Möbelstück mit einer waagerechten Platte. Und selbst das funktioniert nicht immer. Das Wort »Feierabend« wird dein Arbeitgeber anders definieren als du, und ob du dich mit deiner Mutter jemals darüber einig werden wirst, was das »regelmäßig« in »regelmäßig anrufen« bedeutet, steht ebenfalls in den Sternen. Für Wörter gibt es aber immerhin noch Standardwerke, welche für uns die Bedeutungen definieren. Ein Duden für Emojis dagegen fehlt schmerzlich. Deshalb birgt die Kommunikation mit Emotikern noch mehr Risiken für Missverständnisse als Textnachrichten ohnehin schon.

Während der wutschnaubende, der dir ein Herzchen zuküssende und der weinende Smiley noch für alle einigermaßen gut verständlich sind, fängt die Rätselei spätestens bei den auf acht verschiedene Arten lachenden Emojis an. Warum lacht der eine mit Zähnen und der andere ohne? Wieso steht dieser da verkehrt herum? Und worin besteht der Unterschied zwischen dem mit den großen und dem mit den kleinen Augen?

Wir haben doch nicht alle irgendwann mal halbherzig zwei Semester Germanistik studiert, um jetzt Comicgesichter interpretieren zu müssen. Aber weshalb in Gottes Namen schickt er dir denn nur diesen lüsternen Blinzelsmiley mit herausgestreckter Zunge? Du hast ihn doch nur gefragt, wie es ihm so geht. Musst du jetzt wirklich wieder davon einen Screenshot an deine Freundinnen schicken, um deren Deutungsversuche einzuholen?

Wer meint, Teenagermädchen würden die meisten Emojis verwenden, hat noch nie mit einem erwachsenen Mann per WhatsApp geflirtet. Manche Chatverläufe mit Männern ähneln einem Stickeralbum, in das eine Erziehungsberechtigte (du) ein paar richtige Buchstaben reingeschrieben hat.

Das passt einerseits auch zu deinem WhatsApp-Account, wenn du in dem Alter bist, in dem deine Freund*innen alle ihre Profilbilder durch Fotos ihrer Kinder ersetzt haben. Es sieht dann ja eh schon aus, als würdest du mit einer Kita chatten. Andererseits zahlt dir aber auch niemand Geld dafür, dass du wie eine Top-Pädagogin tausendmal geduldig »Sprich doch bitte in ganzen Sätzen mit mir« wiederholst.

Du sehnst dich nach einem tiefgründigen Austausch mit einem erwachsenen Mann? Dann ist der Emojist einfach nicht der Richtige für dich. Stattdessen kannst du bei ihm deine verspielt-kreative

Seite ausleben. Versuche, ihm deinen Tag in Emojis nachzuerzählen oder dein Lieblingsbuch oder deine schlimmsten Kindheitstraumata. Schicke ihm dreißig Piktogramme, die du für unterschätzt hältst. Oder diskutiere das Für und Wider von Windkraftanlagen ganz ohne Worte. Sei frei, sei innovativ, aber löse dich von der Vorstellung, dass du aus ihm einen Cyrano de Bergerac machen kannst, der dich mit Worten umgarnt und nicht mit Zwinkersmileys.

Wenn er von deiner Seite Buchstaben vermisst und keine Lust auf Bilderrätsel hat, wird er es dir schon signalisieren, mit einem Emoji, das überall als Zeichen für das Ende einer Kommunikation verstanden wird. Achte einfach auf den hochgestreckten Daumen.

Der Wutausbruch

Hi Torben, ich habe noch mal nachgedacht und
denke, dass wir vielleicht andere Vorstellungen
haben und eventuell nicht so gut zusammen-
passen. Ich möchte unser drittes Date deshalb
lieber absagen. Hab einen schönen Tag, oh, und
viel Erfolg bei deinem Bewerbungsgespräch!

Fick dich! Ich sage mein Bewerbungsgespräch
ab und besaufe mich jetzt. Nur damit du
Bescheid weißt: Du bist gar nicht so geil,
wie du denkst, und außerdem hast du
einen richtig fetten Arsch! Viel Glück noch bei
deiner Suche mit deinen übertrieben großen
Ansprüchen. Du wirst nie wieder so jemanden
finden wie mich!

Das hoffe ich!

―――――――――――――――――

Ich will meine verfickte Jacke
nicht mehr! Sie hing in DEINEM
Flur, damit ist sie verseucht.

Okay ...

(schenkt die Jacke ihrem Nachbarn)

ICH HABE BESCHLOSSEN, GLÜCKLICH
ZU WERDEN!!! DESHALB BLEIB FERN
VON MIR, ICH WILL NICHTS MEHR
VON DIR HÖREN!!!

Hä? Du hast dich doch
gerade bei mir gemeldet.

ICH MEINE ES VERDAMMT ERNST!!

Dann höre doch auf,
mir zu schreiben.

DU DENKST, DU BIST WITZIG,
ABER DU BIST EINFACH NUR SCHEISSE

Ja, kann sein, aber
höre doch bitte endlich auf,
mir zu schreiben.

Du bist jetzt ganz alleine mit
deinem Projekt, da steht nur
dein Name drauf!

Ich bin Projektleiterin, da steht
doch sowieso mein Name drauf.

Jetzt rede ich!

?

Ich will jetzt was von
dir hören!!!

Du wolltest doch reden?

Ich will jetzt nicht diskutieren!

Der Erfolg von Textnachrichten schwemmte einen
Männertypen an die Oberfläche, der wahrscheinlich
schon immer irgendwo herumdümpelte. Nur konnte man seine Ausbrüche früher nicht screenshotten
und an alle Freundinnen weiterleiten. Da musste man
dann ganz alleine durch.

Der Wütende eskaliert auf eine gruselige Art und
Weise, die sogar hartgesottene Nachrichtenschreibe-
rinnen überrascht. Textnachrichten haben ja den bekannten Nachteil, dass sie Missverständnisse in rauen

Mengen hervorbringen. Einmal den Zwinkersmiley vergessen, und schon wird ein ironischer Kommentar als Kriegserklärung gelesen. Wer bitte hat noch nie mit seinem Liebsten nach einem oder zwei Gläsern Wein über die Wochenendplanung gechattet und dreieinhalb Minuten später als frischer Single heulend bei der besten Freundin angerufen?

Nicht einmal Donald Trump kann so schnell einen Krieg anzetteln wie eine uneindeutige Nachricht nach einem stressigen Tag. Allerdings passiert uns selbst so etwas in der Regel nur bei Menschen, die wir schon besser kennen. Immerhin offenbart Wut ja enttäuschte Erwartungen oder Gefühle. Und genau das trainieren uns Gesellschaft und Frauenmagazine doch seit dem Mittelalter ab. Schon wenn Frauen sich zweimal hintereinander melden, gelten sie als klammernde, bedürftige Nervensägen. Darum wollen wir beim Dating auch so cool wie möglich wirken. Selbst wenn wir schon längst im Geiste das gemeinsame Wohnzimmer mit dem neuen Typen einrichten und im Internet nach guten Vornamen für unser Baby (Mensch/Katze/Hund) mit ihm recherchieren, antworten wir ihm immer noch höflich, zurückhaltend und mit mindestens fünf Stunden Abstand.

Wie albern das eigentlich ist. Wer Angst vor Liebe hat, sollte vielleicht nicht daten, sondern in die FDP eintreten. Wenn heutzutage sogar Eiscreme und Waschmittel authentisch sein wollen, warum dann nicht unsere Kommunikation? Wie viele Beziehun-

gen kamen wohl nie zustande, weil beide uninteres-
siert taten und sich deshalb aus den Augen verloren?
Manchmal geht es so schnell. Wer sich vier Tage nicht
meldet aus der Angst heraus, zu interessiert zu wirken, wird schlimmstenfalls vom anderen abgehakt
oder gar geblockt. Die Spielregeln sind knallhart, und
die Konkurrenz ist nur einen Swipe entfernt.

Bei aller Liebe für offene Emotionen gibt es nun
aber dennoch eine Grenze, die es einzuhalten gilt. Vor
allem bei Menschen, mit denen wir weder Tisch und
Bett noch einen Netflix-Account teilen. Enttäuscht
uns etwa jemand, weil er sich kein zweites Date mit
uns vorstellen kann, hat er zwar den schlechtesten
Frauengeschmack der Welt und wirklich keine Ahnung, was ihm entgeht, sollte aber trotzdem nicht beschimpft werden.

Der Wütende überschreitet diese Grenze und lässt
seinen Frust ungefiltert an dir aus. Er stellt Ansprüche
an dich, immerhin hat er mal Fotos von dir auf Instagram gelikt, dich auf einen Wein eingeladen oder
dir was Nettes gesagt. Dafür meint er nun, eine Be-
lohnung zu verdienen, deine Zuneigung etwa oder
sexuelle Gefälligkeiten. Weist du ihn nun zurück,
trifft ihn das hart. Anstatt dieses Gefühl aber jetzt auf
erwachsene Art zu verdauen (heulen, dreihundert
Jammernachrichten an seine Freunde schicken, alle
Staffeln *Gilmore Girls* gucken), benimmt er sich wie ein
wütender Dreijähriger. Er beschimpft und beleidigt
dich aufs gröbste. Dabei legt er meistens eine Inkon-

sequenz an den Tag, die ihresgleichen sucht. Warst du in seinen Nachrichten gerade noch die wunderschöne süße Sexymaus, ändert sich das schlagartig ab dem Zeitpunkt, an dem du ihm mitteilst, dass du nicht an ihm interessiert bist. Dann bist du fett, eine Schlampe UND prüde. Außerdem hat er dich ja eh nicht wirklich gewollt. Ätsch!

Dieses kindische Verhalten kann unter Umständen Mutterinstinkte in dir wecken, die dich dazu verleiten, ihm gut zuzureden und zu trösten. Aber wie das mit dem Mutterjob so ist: Er ist undankbar und unbezahlt. Warum solltest du ihn also für fremde Männer übernehmen?

Eine andere typisch weibliche Reaktion auf solche Wutausbrüche sind Schuldgefühle. Wenn dieser arme verzweifelte Mann so aufgebracht ist, dann musst du ja was falsch gemacht haben! Warum hast du denn nicht einfach mit ihm geschlafen? Er hat dir doch zwei Dickpics geschickt, was erwartest du denn bitte noch alles? Soll er sich ein Bein ausreißen?!? In dem Fall hast du hoffentlich eine gute Freundin, die dir für diese Gedanken ein bisschen mit einem Simone-de-Beauvoir-Buch auf den Kopf haut und dir die Ohren warm rubbelt.

Männliche Wutausbrüche gibt es auch im beruflichen Kontext. Deutschlands rückständige Geschlechterpolitik brachte die weibliche Konkurrenz in undankbare Teilzeitjobs und eine ganze Reihe mittelmäßiger Männer auf Posten, die sie überfordern.

Wie Dampfkochtöpfe stehen sie dort unter großem Druck und explodieren beim geringsten Anlass. Bei Kritik zum Beispiel, Gegenvorschlägen oder Ideen, die besser sind als ihre eigenen. Ihr ansonsten professionelles Auftreten fällt dann in sich zusammen, und sie hämmern wie Berserker auf ihre Tastatur, um DIR MAL GANZ KLARZUMACHEN, DASS DAS SO NICHT GEHT, FRÄULEIN!!! Vielleicht sind es auch Nachrichten wie diese, die uns in die Teilzeitarbeit treiben, und gar nicht immer nur die Babys.

Wahrscheinlich sammeln die meisten von uns ihre Erfahrungen mit Wutausbrüchen im Job. Wenn du dir noch nie die Frage gestellt hast, ob Männer nicht vielleicht einfach zu emotional fürs Berufsleben sind, hast du wirklich großes Glück. Wie viel Prozent deines Gehalts in Wirklichkeit Schmerzensgeld sind, hängt am Ende auch immer davon ab.

Wenn du im Job mit einem Mann zu tun hast, der zu Wutnachrichten neigt, bist du hoffentlich mit einer widerstandsfähigen Magenschleimhaut gesegnet. Falls nicht, andere Arbeitgeber haben auch schöne Stellen. Die Fähigkeit zur Selbstkritik ist gut und wichtig. Wir sollten sie auch nicht nur in Umkleidekabinen nutzen, wenn wir nicht in die bekloppten Skinny Jeans passen. Aber ein Wutausbruch vom Vorgesetzten ist kein adäquates Mittel, um dir zu zeigen, woran du bei dir noch arbeiten solltest. In dem Fall kannst du ruhig alle dir zur Verfügung stehenden Mittelfinger zur Verteidigung einsetzen. Vielleicht lieber aber nur im Geiste, falls du nicht genug Erspartes hast.

Als Faustregel bei beruflichen E-Mails empfehlen wir: Sätze mit einem Ausrufezeichen solltest du ernst nehmen, mit zwei oder mehr dagegen getrost ignorieren.

Wie du auf Wutnachrichten antwortest, hängt natürlich immer auch vom Absender ab und wie sehr dir noch an einem weiteren Kontakt gelegen ist. Wenn das kein Muss ist, bietet sich dir hier eine wunderbare Gelegenheit für ein ordentliches Beschimpfungsduell. Zeig ihm, dass du nicht umsonst mit streitlustigen Geschwistern groß geworden bist. Wer dich beleidigen will, muss schon früher aufstehen. Verfluche den Tag, an dem er geboren wurde, und spucke auf den Boden, auf dem er geht. Mögen er und seine Familie bis ins siebte Glied an Genitalherpes erkranken, für immer in der Hölle schmoren und dort mit Beatrix von Storch verheiratet werden. Was auch immer er dir sagt, verdopple es und gib es ihm zurück. Wenn er schließlich deine Nummer blockiert, bist du die Gewinnerin und kannst mit Luftküssen ans Publikum vom Platz marschieren.

Wütende Vorgesetzte killst du aber vielleicht besser mit Kindness. Deine Antwort beginnt dann immer so: »Mit größter Verwunderung habe ich zur Kenntnis genommen ...« Du bist also nie wütend, sondern lediglich irritiert, und statt: »Du beschissener Vollpfosten, deine Ideen sind absoluter Quatsch, und du stinkst nach Pipi!«, schreibst du in dem Fall: »Danke für Ihre interessanten Anregungen, über die ich mich sehr freue und die ich bei Bedarf auf jeden Fall in unser Projekt einfließen lassen werde.« Oder du schreibst dem Wütenden einfach den Klassiker: »Danke für diese Nachricht, ich habe sie an deine Mutter weitergeleitet.«

Der Nette

Das meinst du jetzt aber
nicht ernst, oder?

Nein, das war ein Witz.

Wo bist du?

Oh nein, habe unsere Verabredung
total vergessen. Stehe jetzt mit
tausend Taschen vor IKEA und muss
sehen, wie ich das jetzt alles
in die Stadt schaffe.

Kein Problem! Soll ich dich abholen?

Ach, musst du wirklich nicht.
Na gut!

Der Nette heißt wahrscheinlich Marcus, ist Apotheker und der Sohn von Bekannten deiner Eltern. Sein einziges Verbrechen ist, dass er leider keine Ironie gemixt mit geheuchelter Coolness versteht und damit deinen gesamten Humor und deine Persönlichkeit nicht. Dein Verbrechen ist, dass du ihn als Lückenfüller benutzt, aber egoistisch genug bist, um das jedes Mal wieder aufs Neue zu verdrängen.

Der Nette macht dich wahnsinnig, weil natürlich keins deiner Chatthemen oder deine vermeintlich charmant gewitzten Formulierungen funktionieren. An deine ewige Sehnsucht, den Liebes-Witzel-Ping-Pong-Chat, ist gar nicht erst zu denken. Der Nette ist eben nett und ehrlich, komplett ohne die Gags dazwischen. Da dein Nachrichtenleben aber hauptsächlich aus Witzchen besteht, hinter denen man die Wahrheit erraten muss, sprecht ihr zwei unterschiedliche Sprachen. Immer – und zwar wirklich immer – wenn du einen Witz machst, fragt er dich: »Das meinst du aber jetzt nicht ernst, oder?«

Dann antwortest du ihm erst mal nicht oder verarschst ihn, was unhöflich ist, Marcus dir aber durchgehen lässt, weil er ein viel besserer Mensch ist als du. Es wird für immer rätselhaft bleiben, wieso Marcus dich überhaupt toll findet … Vielleicht nur, weil eure Eltern immer gesagt haben, dass ihr später mal zusammen die Apotheke übernehmen könnt. Vielleicht aber auch, weil er deine zahlreichen Neurosen mit geballter Lebensenergie verwechselt.

Direkt nach jeder Enttäuschung, Niederlage oder Katerdepression fragst du dich, ob er vielleicht doch die Liebe deines Lebens gewesen sein könnte, weil er doch so nett ist. Dann schreibst du ihm wieder und verabredest dich. Er hat natürlich immer Zeit für dich, weil er so nett ist. Im Gegensatz zu dir. Moralisch einwandfrei ist das nämlich nicht von dir, und du weißt es.

Dann triffst du ihn und lässt dir Komplimente machen, weil es deinem angekratzten Ego guttut. Wenn es sich sogar im Keller befinden sollte, gehst du mit Marcus ins Bett (weil du ein Arsch bist) (schon wieder).

Der Sex mit dem Netten ist genau wie euer Chatverlauf: nett, sauber und pünktlich.

Direkt am nächsten Morgen ruft er dich an und fragt dich, wie es dir geht mit den Worten: »Wie geht es dir?« Alles läuft genau, wie es sich gehört, ganz ohne Humor oder Charme oder Verwegenheit. Das wusstest du aber. Nur wenn du bereit bist, viele Jahre mit dem Netten zu verbringen, könnte sich so etwas wie ein eigener Insiderwitz etablieren. Dabei bleibt es aber. Hör endlich auf, dem Netten das Herz zu brechen. Wirf beim nächsten Kummer dein Telefon aus dem Fenster. Das ist sowieso besser für dich – und erst recht für Marcus, der eine Apothekerin kennenlernen soll, die nett ist. Nicht so wie du. Lass Marcus endlich in Ruhe.

Schein-
fühlsamkeit

Hast du schon mal
Depressionen gehabt?

> Ehrlich gesagt, ja. Habe
> in den letzten Jahren immer mal
> wieder damit gekämpft.

Sex soll sehr gut sein gegen Depressionen.

Hey Süße, wie geht es dir heute?

> Richtig beschissen, ich glaube,
> ich werde gefeuert!

Great things are only achieved
outside your comfort zone.
Ich glaube, da bist du gerade.

> Und wie soll mir das jetzt weiterhelfen?

Ich denke, man kann alles lösen,
es muss nur richtig moderiert werden.

Aha.

Ich wollte dich nicht verletzen oder
dich an dir selbst zweifeln lassen.
Es kann schon sein, dass ich versucht
habe, die Schuld ein wenig auf dich
zu schieben. Ich habe versucht, nicht zu lügen.

Du hast *versucht*, nicht zu lügen?
Wie geht das?

Man lügt. Ich bin nicht perfekt.

Ich empfinde sehr tief in Momenten,
ich muss manchmal los in die Nacht,
wie ein Hund, ziellos und getrieben.

Mein Hund liegt hier im Körbchen.
Ich weiß nicht, welches Tier du meinst.

Es ist eine Binsenweisheit, dass Frauen einfühlsame
Männer mögen. Ist ja jetzt wirklich nicht verwun-
derlich. Die Anzahl von Menschen (m/w/d), die ein-

fach tierisch auf unsensible Klötze stehen, ist überschaubar. Wer sensibel, empathisch, feinfühlig ist, kann sich besser in den anderen hineinversetzen und auf ihn eingehen. Das bedeutet für den anderen im besten Falle mehr Verständnis, mehr Nachsicht, mehr Bedürfnisbefriedigung. Yay!

Leider aber gibt es ziemlich viele unsensible Klötze, die auch an den Speck wollen. Klötze können zwar jedes Geschlecht haben, Empathie gilt aber gemeinhin als weibliche Eigenschaft. Kein Wunder. Wer mit Puppen spielen darf, entwickelt unter Umständen andere Qualitäten als jemand, dem die Puppe vorenthalten wird und der stattdessen mit Plastikautos vorliebnehmen muss.

Einige unempathische Männer haben sich deshalb etwas besonders Perfides einfallen lassen: die Scheinfühlsamkeit. Sie täuschen emotionale Nähe vor, weil sie irgendwann feststellen mussten, dass sich niemand auf Dauer für sie interessiert, wenn sie sich ihrerseits für niemanden interessieren.

Wenn du nun unglücklicherweise seit hundert Jahren Männer datest, die dir niemals Fragen stellen, sondern nur von sich und ihren geilen Start-up-Plänen/Autotunings/Romanideen erzählen, kann der Scheinfühlsame schnell punkten. Er hat nämlich gelernt, dass Frauen hin und wieder auch gerne selbst mal was über sich erzählen und nicht nur Typen zuhören. Also täuscht er Interesse vor. Wenn sich der Mann dabei klug anstellt und du obendrauf noch die rosarote Brille trägst, wirst du den Unterschied vielleicht gar nicht bemerken. Oder erst hinterher. Oft sind die Scheinfühlsamen aber so lieblos in ihrem Vorgehen, dass zumindest deiner Freundin nach einem oder zwei Nachrichten-Screenshots die Sache auffällt.

Er möchte erst dein Lieblingsgedicht hören, bevor er dir von seinen geilen Start-up-Plänen/Autotunings/Romanideen erzählt?

Er fragt dich nach deinem Verhältnis zu deinen Geschwistern, um nach deiner sehr persönlichen Antwort kommentarlos zur Frage nach dem nächsten Sexdate überzugehen?

Er schreibt dir, dass er so ein Netter ist, aber dass Frauen ja immer Arschlöcher wollen?

Vorsicht! Jedenfalls, wenn du gerade jemanden suchst, der sich wirklich für dich interessiert. Der Scheinfühlsame wird dich nämlich lediglich mit seinen Liebeskrumen anfüttern und dich dann in seiner emotionalen Wüste verdursten lassen. Nur weil er dir vor drei Wochen geschrieben hat, dass er auch mal beim *König der Löwen* geweint hat, heißt es nicht, dass er eigentlich ein total sensibler Mann ist. Das Interesse des Scheinfühlsamen gilt nicht dir, sondern deinem Interesse an ihm. Es ist ihm ziemlich egal, wie nun dein Verhältnis zu deinen Eltern ist, wie es deiner Katze geht oder deinem Patenkind.

Wenn du dir Hoffnungen auf mehr gemacht hast, kann das für dich sehr traurig sein, aber wenn du keinen Klotz daten möchtest, solltest du weiterziehen. Wirklich. Du bist keine Disney-Prinzessin, die die harte Schale des Biests durch Selbstaufopferung aufbrechen wird. Und du bist vor allem nicht seine Therapeutin, oder hat er etwa zwei Monate auf ein Date mit dir warten müssen, und seine Krankenkasse zahlt eure Verabredungen? Na also. Am besten hörst du deshalb auf, dir mit dem Scheinfühlsamen zu schreiben, und textest stattdessen deinem liebsten Lieferservice: »Hallo, ich hätte gerne eine Käsepizza, einen Becher Eiscreme und zwei Flaschen von dem mittelpreisigen Rotwein. Und haben Sie vielleicht einen netten Boten, der keinerlei Start-up-Pläne hat? GLG«

Wenn du allerdings eine Affäre, ein Techtelmechtel oder einen One-Night-Stand suchst, hast du mit dem Scheinfühlsamen genau den Richtigen für dich gefunden. Herzlichen Glückwunsch! Er wird sich nicht in dich verlieben, du musst nicht seine Eltern kennenlernen, nicht seinen Freundeskreis, und du wirst ihm nicht das Herz brechen, nur weil du ein bisschen Spaß und Abwechslung suchst. Dann kannst du ihm aber auch schreiben, dass er sich den ganzen Schmonsens sparen kann und es hier wirklich niemanden interessiert, welches Sternzeichen du hast.

Der Schicksals-
schlag

Es tut mir leid, wenn du traurig oder
wütend bist, aber mein Leben ist momentan
einfach sehr kompliziert. Ich hoffe, du verstehst
das. Ich dachte wirklich, wir könnten das
zusammen schaffen, aber ich möchte dich
in mein Chaos nicht mit hineinziehen.

Aber ich kann dir doch dabei helfen!

Mir kann niemand helfen.
Ich muss da alleine durch.

Ich bin dankbar und froh, dass wir uns
kennengelernt haben, und für die Zeit,
die wir hatten. Ich wünschte, der Zeitpunkt wäre
besser für uns gewesen. Es ist vielleicht mein
Schicksal, dass ich nichts für Dauer haben kann.
Ich dachte wirklich, mit dir wäre es
anders, aber es war mir nicht vergönnt.

Wer als Frau keine Männer datet, ahnt ja überhaupt nicht, wie kompliziert deren Leben sein kann. Gender Pay Gap, Teilzeitfalle, Altersarmut, die Gläserne Decke, monatliche Blutungen, sexuelle Belästigungen und Alltagsdiskriminierungen dürfen nicht darüber hinwegtäuschen, dass unser Leben anscheinend deutlich einfacher ist als das vieler Männer.

Dennoch schaffen sie es irgendwie, nicht damit hausieren zu gehen. Sie leiden still oder verdrängen es. Und sie tun so, als ob alles in bester Ordnung sei, bis es irgendwann aus ihnen herausbricht. Sie sind ja auch nur Menschen. Wie lange sie die alles überragende Kompliziertheit ihres Lebens einer Frau verheimlichen können, ist ganz unterschiedlich. Mal sind es drei Wochen, mal drei Monate. Manchmal dauert es auch dreißig Jahre. Dann aber kommt die Nachricht.

Es liegt nicht an dir, es liegt nie an dir. Es liegt aber auch nicht an ihm, natürlich nicht. Es liegt nur daran, dass sein Leben gerade so irre kompliziert ist. Niemand kann etwas dafür, aber im Moment ist es einfach zu viel, um dir irgendetwas versprechen zu können. Auch wenn du der Meinung bist, dass er dir erst vor zwei Tagen etwas versprochen hat. Aber dafür kann er nichts. Es ist ja nicht seine Schuld, wenn du dir Hoffnungen gemacht hast. Also, dafür kann er doch nun wirklich nichts.

Denn diese Kompliziertheit ist ihm erst jetzt bewusst geworden. Oder sie war ihm schon immer bewusst, aber er dachte, es gehe trotzdem. Oder es war ihm schon immer bewusst, aber er dachte, mit dir könne er alles ändern. Jedenfalls kann er nichts dafür. Es ist eben alles nicht so einfach.

Warum sein Leben gerade so kompliziert ist, hat unterschiedliche Gründe. Die Top 3 lauten:

1. Er hat keinen Job.
2. Er hat einen Job.
3. Er weiß es doch auch nicht.

Natürlich ist es für ihn in Wahrheit meistens einfach nur zu kompliziert, dir zu sagen, dass er keine Beziehung mit dir führen möchte, weil er nicht in dich verliebt ist oder aus welchen Gründen auch immer. Deshalb entscheidet er sich für diese mindermutige Nachrichtenvariante. Wenn niemand etwas für irgendwas kann, bringen Vorwürfe wenig, und so gibt es auch keine Verantwortung, der er sich stellen müsste. Es ist eher wie ein Schicksalsschlag, der auch ihn ereilt. Er mag dich ja wirklich, aber es geht im Moment einfach nicht.

Was auf den ersten Blick nach Schonung aussieht, hilft Empfängerinnen dieser Nachrichten leider nur wenig. Würde er dir direkt sagen, dass er nicht an dir interessiert ist, könntest du ihn sofort abhaken. Oder du könntest ihn zumindest abhaken, nachdem du fünf Freundinnen bei zehn Flaschen Wein davon erzählt hast. Wenn es aber nur die Umstände sind, die dem Happy End im Wege stehen, dann gibt es ja eventuell noch Hoffnung. Und du hast doch nicht die komplette weibliche Sozialisation durchlaufen, um jetzt nicht einem verzweifelten Mann aufopfernd helfen zu wollen!

Jetzt beginnt meistens der zweite Teil der Tragödie. Und wie es sich für echte Tragödien gehört, lässt sich die sich deutlich abzeichnende Katastrophe trotz oder, besser gesagt, wegen aller Anstrengungen der handelnden Personen (dir) nicht mehr abwenden.

Du bietest ihm deine Hilfe an, aber er geht nicht darauf ein. Er möchte dich nicht mit reinziehen. Nächtelang liegst du jetzt wach und grübelst, warum er sich von dir nicht helfen lässt. Es könnte doch alles so schön sein! Du könntest ihn dabei unterstützen, als Mangofarmer in Australien zu arbeiten, mit dreiundvierzig noch Berufstänzer zu werden oder vom Online-Pokerspiel zu leben. In deiner Fantasie ist alles möglich. Er müsste sich nur von dir helfen lassen. An dem Punkt bist du allerdings von deinen eigenen Bedürfnissen im Leben mittlerweile weiter entfernt als der Komplizierte von der Wahrheit. Seit wann möchtest du eigentlich Mangofarmerin in Australien werden? Du bist doch gerne Marketingfachangestellte in Düsseldorf!

Wir haben das Spiel für die Recherche dieses Buches rund dreihundert Mal mit verschiedenen Männern durchgespielt und können dir verraten, wie du der Person, die dir am wichtigsten sein sollte (nämlich du selbst), in der Situation helfen kannst:

Nachdem du die Nachricht gelesen hast, blockierst du seine Nummer, löschst sie, zerschneidest deine SIM-Karte, schmeißt dein Telefon ins Wasser und lässt dich von deinen Freundinnen trösten. Und dann suchst du dir entweder den nächsten oder wirst alleine (vielleicht mit fünf Katzen oder drei Hunden) glücklich alt. Das geht nämlich auch.

Der Narr

Hello, sorry, dass du so lange nix von
mir gehört hast.
Verrückte, aber total inspirierende Zeit!
Die Berge haben ihre Magie spielen lassen, und
ich habe mich verliebt. Ich werde alle Zelte in
Deutschland abbrechen, um das Leben neu
zu erfinden – definieren – auskosten. Es war
schön, noch mal mit dir die alte Zeit aufleben
zu lassen, aber ich werde nun von allem Alten
disconnecten. Es hat nichts mit dir zu tun,
und ich hoffe, du freust dich für mich. Eine
Million Küsse, Ingo

Hello, gute Nachrichten aus
Kasachstan: Ich werde jetzt Töpfer.

Es ist wider Erwarten doch extrem
heiß in der Wüste, komme doch zurück.

Babe, am Fernsehturm hängt
eine Nachricht für dich! ;)

Der Narr ist nicht ganz so lustig, wie er sich anhört, aber dafür ein absoluter Klassiker. Er ist wie so eine Kinderkrankheit, die man einmal durchmachen muss, und danach ist man immun (hoffentlich). Seine Nachrichten beinhalten meist unzählige Superlative, kommen überraschend um die Ecke geschossen und sind unterhaltsam, manchmal beabsichtigt, manchmal nicht.

Das Schöne an ihm ist, dass er einen nachts um drei zum Eisessen ausführen oder an einem Hot-Dog-Esswettbewerb teilnehmen will, das Blöde an ihm ist, dass er täglich mehrere solcher Erlebnisse braucht, um sich zu spüren. Der Narr eignet sich als perfekter Nachrichtenpartner für frisch Verlassene, die eine Art Hobby brauchen, um ihre Seelenpein zu vergessen. Du kannst dich von ihm in die Welt des Binge-Chattings entführen lassen und Pläne für eine gemeinsame Spätkarriere als Pantomimenkünstlerduo schmieden, aber Vorsicht: Du darfst diesen Narren niemals ernst nehmen. Diese Gabe besitzt nur er selbst. Immer wenn du denkst: Na ja, wieso soll ich denn nicht mit dem Mann meines Lebens eine Kuckucksuhrfabrik in Tulum eröffnen, gib dir selbst eine Ohrfeige und höre auf den laut kreischenden Spießerkuckuck in deinem Kopf: Es ist alles nur Quatsch. Nicht mal Bloggern auf

Pille kann man den geschnitzten Schwarzwaldkitsch andrehen! Hab einfach Spaß. Tatsächlich kann einem der Narr sehr viel Freude bereiten. Man muss ihm auch zugutehalten, dass er immerhin ziemlich originell ist und eine gute Gesellschaft für langweilige Monate wie Februar und Oktober oder für den öden zweiten Teil deiner Zwanziger, wenn alle heiraten. Leider lebt der Narr nie besonders lange, da er nach dem Anbringen eines Liebesplakats vom Fernsehturm fällt oder einfach unauffindbar ist seit seiner Reise zum »Burning Man«, wo er ein Flugobjekt basteln wollte, auf dem eine Imkerei angebracht ist.

Schuld daran, dass er bei uns überhaupt eine Chance hat, sind alle Romantic Comedys dieser Welt, genauer deren Liebesmontagen, in denen zu toller Musik nachts um drei Eis gegessen wird und Liebesbotschaften an Türmen stehen. Würde man die jeweiligen Filme weiterspinnen, käme dann irgendwann schon heraus, dass der Hugh-Grant-Typ eine ausgeprägte Kokainsucht hat und deswegen so euphorisch und aufgekratzt ist, oder man würde erfahren, dass man einen Bipolaren nach dem Absetzen seiner Medikamente aufgerissen hat, oder noch schlimmer: einen frisch geschiedenen Endvierziger, der aus Alterspanik komplett freidreht. Auch er hat, damals noch mit seiner Frau, die verlockenden Popmusikmontagen gesehen und will jetzt der Welt zeigen, dass er das genauso draufhat und er auf jeden Fall nicht der Langweilige in der Beziehung war.

Die Ablösephase dauert praktischerweise auch nicht so lange wie bei den anderen Kandidaten. Bei Narren muss man sich wenigstens aber auch nie den Kopf darüber zerbrechen, wie man die Sache denn jetzt beenden soll. In der Regel hat er nach einer ausgiebigen Liebesmontage sowieso keine Lust mehr auf einen und zieht weiter. Wenn man das nächste Mal von ihm hört, ist er in der Regel in die Berge gezogen (siehe Beispielmail) oder hat seine Cousine in Las Vegas geheiratet. Man sollte nach seinem Verschwinden eventuell eine bis zwei Wochen keine Romantic Comedys gucken.

Natürlich bist du noch jahrelang unsterblich in den Narren beziehungsweise in seine Nachrichten verliebt. Du streichelst manchmal heimlich eine Kuckucksuhr und denkst daran, was alles hätte sein können. Sogar mit dem hektischen, orientierungslosen Sex in siebentausend Stellungen hättest du leben können.

Hättest du eben nicht! Dir ist nur wieder langweilig, und du müsstest eigentlich arbeiten und die Steuern machen und einsehen, dass du eine verantwortungsvolle, mittelalte Bürgerin bist, willst du aber nicht. Na gut, dann schreib ihm noch mal, vielleicht ist ja Schluss mit der Cousine?

Der Bencher

Hello, wie sieht es aus
mit Mittwochabend?

Auf jeden Fall, ich freue mich.

Sorry, alles doch schwierig gerade.
Wird doch ein bisschen eng. Wie sieht's
denn nächste Woche bei dir aus?

Ah, okay. Ich habe es mir schon fast gedacht.
Wie sieht es dann Dienstag bei dir aus?

Ich melde mich!

Hi Diego, bin jetzt gerade mit Kreditkarte
vorm Rechner. Soll ich jetzt mal die
Konzerttickets für uns kaufen?

Huhu! Ich habe eben auch mal
versucht, dich anzurufen.
Was ist mit den Tickets?

Könnte klappen, sage dir
nachher Bescheid.

Sieht gut aus, melde mich gleich.

Egal. Jetzt sind sie eh
schon ausverkauft.

Online-Dating ist nichts für schwache Gemüter. Menschen auf der Suche nach einer richtigen Beziehung trifft es dabei am härtesten. Vor allem in Großstädten kommst du dir irgendwann vor wie eine Goldwäscherin in einem modrigen Tümpel, die alles durchsiebt, um vielleicht doch noch ein Nugget zu finden. Nach jeder Enttäuschung, nach jeder »Es tut mir leid, aber mein Leben ist gerade zu kompliziert für was Festes«-Nachricht, nach jedem Ghosting scheint der Rückzug in ein Kloster attraktiver. Vielleicht ein säkulares Kloster, in dem es guten Kaffee, schnelles Internet und Pilates-Kurse gibt, aber dennoch.

Und gerade wenn du denkst, dass du jetzt alle fiesen Maschen kennengelernt hast, matchst du mit Ben. Ihr schreibt euch, versteht euch gut und verabredet euch auf einen Drink am Mittwochabend. Mittwochnachmittag teilt er dir mit, dass er kurzfristig auf eine Geburtstagsfeier eingeladen wurde, und ihr verschiebt den Drink auf unbestimmte Zeit. Einen Monat später bekommst du wieder einen Text von Ben. Er möchte wissen, was du so treibst. Er stellt dir ein Treffen in Aussicht, nennt aber kein konkretes Datum. Macht ja nichts, du hast ja auch immer viel um die Ohren. Als Ben sich drei Wochen später wieder meldet und dich fragt, wie es dir so geht, wunderst du dich nicht. Ihr seid ja nicht verheiratet, streng genommen habt ihr euch noch nicht einmal gesehen, also kannst du es ihm ja auch nicht übel nehmen, wenn er dir nicht täglich schreibt. Ihr textet also wieder ein paar Tage, und du fragst ihn irgendwann nach einem zweiten Dateversuch. »Auf jeden Fall, müssen wir unbedingt machen, melde mich sofort, wenn es bei mir wieder passt«, und dann wieder drei Wochen Funkstille, bis er sich wieder bei dir erkundigt, wie es dir so geht. Das Ganze geht dann zehn, zwanzig Jahre so weiter, mittlerweile hast du dich im Kloster gut eingelebt, die Internetverbindung ist in Deutschland auch 2040 noch langsam, aber zum Glück hast du alle Datingapps von deinem Smartphone gelöscht. Hin und wieder meldet sich Ben über den Nachfolger von WhatsApp (Facebook gibt es mittlerweile nicht mehr, alle Farmville-Spieler sind längst verstorben, und die Verschwörungstheoretiker haben damals aus Angst vor 5G auf Brieftauben umgestellt). Dann möchte er wissen, wie es dir so geht, und verspricht, sich zu melden, wenn er mal Zeit für einen Drink hat. Du nippst beim Lesen seiner Nachricht an dem hervorragenden Klosterkaffee und denkst, dass diese Beziehung mit Ben das Solideste ist, das dir das Online-Dating je beschert hat.

Soweit Variante eins. Variante zwei muss leider ohne Kloster auskommen, dafür aber mit einer weniger entspannten Version von dir (sehr unwahrscheinlich, das wissen wir). Diese weniger entspannte Version von dir hat sich von Ben vielleicht doch mehr versprochen. Er war ja so witzig und geistreich in seinen Nachrichten und, auch wenn du natürlich kein oberflächlicher Mensch bist, haben dich die Obenohne-Strandfotos in seinem Profil nicht kaltgelassen.

Deshalb nagt es in dir, nicht schlimm, aber stetig. Warum trifft er dich denn nicht einfach? Warum probiert ihr nicht einfach, ob ihr zusammenpasst? Und warum meldet er sich trotzdem immer wieder, wenn er doch nicht interessiert ist? Mittlerweile hast du natürlich im Internet recherchiert und herausgefunden, dass dieses Verhalten Benching genannt wird, also das Abschieben auf die Wartebank. Es ergibt für dich nur überhaupt keinen Sinn, und deine Grübeleien resultieren am Ende immer wieder bei der weiblichsten Frage überhaupt: Liegt es womöglich an mir?

Immerhin an dieser Stelle können wir dir helfend zur Seite springen. Nein, denn es geht ja nicht nur dir so. Man kann es albern finden, dass es für jede miese Datingmasche eine englische Bezeichnung gibt, aber sieh du es positiv. Das bedeutet, dass das vor dir schon so vielen Menschen passiert ist, dass sie sich extra einen Namen dafür ausgedacht haben. Okay, das ist nicht unbedingt positiv für die vielen Menschen, denen es vor dir auch schon passiert ist. Aber es erzeugt dieses beruhigende Gefühl, das du bekommst, wenn du eine extrem peinliche Frage googelst, voller Angst, dass du der einzige unwissende Mensch auf der Welt bist, und du dann diese Frage allein auf gutefrage.net dreihundert Mal mit jeweils unterschiedlichen Antworten aus der Community findest.

Das löst zwar nicht dein Problem mit Ben, aber wenn du eh schon vor dem Rechner sitzt, kannst du auch gleich googeln, was man bei Benching am besten macht: zur Rede stellen und Kontakt abbrechen, wenn nichts mehr kommt. Und dann vielleicht mal ein paar Klöster anschreiben.

Der Meister-Manipulator

Ich muss mal kurz ein paar
Tage über uns nachdenken.

Es ist wieder mal unfassbar schäbig,
wie du mit mir umgehst und nicht den
leisesten Zweifel an deinem
egomanischen Verhalten zu haben scheinst!

Es ist schon fast krankhaft,
wie du überall herumzuerzählen scheinst,
wie schlecht ich dich angeblich behandelt
haben soll. Hast du Freude daran,
andere an deiner narzisstischen
Selbstwahrnehmung teilhaben zu lassen?

Bitte, hör auf, mir zu schreiben,
es ist schon lange vorbei.

Warum gehst du nicht ans Telefon,
meidest mit voller Absicht den Kontakt

mit mir? Wie habe ich ein solch herablassendes
Verhalten verdient? Ich verlange
zumindest eine Erklärung.

Er stellt immer die richtigen Fragen, er macht immer
die richtigen Witze, er ist, als hättest du ihn dir ausgedacht. Hast du auch. Weil er deine innersten Bedürfnisse und sehnsüchtigen Wünsche erspürt und
sich daraus eine neue Persönlichkeit bastelt. Stück für
Stück übernimmt er schleichend das Ruder, mit ersten kleinen Herabsetzungen und scheinbar berech-
tigter Kritik. So gut wie er deine geheimsten Wünsche
kennt, kennt er eben auch deine Schwachstellen und
Ängste. Da du ja normalerweise nicht blöd bist und
dir geschworen hast, dich niemals schlecht behandeln
zu lassen, müsste dir die Sache eigentlich auffallen. Da
sie aber schleichend vor sich geht, wird sie am Anfang
als kleiner Ausrutscher, ganz blöder Streit oder eben
als »sein besonders empfindlicher Punkt« vermerkt.
Wichtig dabei ist immer sein glaubwürdiges Storytel-
ling. Er sieht schneller, dass du mit jemand anderem
geflirtet hast, weil er eben nicht so gutgläubig ist wie
du. Auch hat speziell er als weltoffener Mann nur
ein Problem mit deiner freizügigen Kleidung, weil
ihm das wehtut, wie Frauen deswegen manchmal
falsch beurteilt werden. Er hat dich neulich nur so an-
geschrien, weil er ein posttraumatisches Belastungs-
syndrom von einem schweren Unfall hat.

Die ersten harmloseren Streitereien laufen so ab, dass du ihn in einer Kleinigkeit kritisierst und, um ihm die Situation zu erleichtern, einen kleinen Witz auf deine Kosten reißt. Und schon rastet er aus, ist schwer beleidigt, überempfindlich, weil du eben hättest wissen müssen, wie fehl am Platz dieser harmlose Witz ist, besonders bei ihm. Danach kommt entweder ein schwerwiegender Grund weswegen genau oder die gute alte Nummer mit: »Wenn du das selbst nicht weißt ... überleg mal ... das müsstest du jetzt aber wissen!«

Und schwupp, geht der ganze Streit schon längst nicht mehr um deine kleine Kritik an ihm, sondern darum, wie unfassbar unsensibel du bist. Natürlich entschuldigst du dich, natürlich ohne zu wissen, warum. Dieser Chatverlauf wiederholt sich jetzt ein paar Mal, bis die Rollen klar verteilt sind: Er ist der moralische Kompass, du bist die galoppierende Elefantenherde in der Meissner Manufaktur. Da dir deine Rolle natürlich nicht gefällt und du schockiert über deine emotionale Grobschlächtigkeit bist, wirst du dir ab jetzt jeden noch so kleinen Vorwurf hundert Mal überlegen.

Ohne dass es dir bewusst ist, hat das Spiel schon längst begonnen. Im Schnitt dauert es von der schönen Phase bis zu diesem Punkt ungefähr drei Monate. Von nun an wirst du dich aufgrund deiner neuen Rolle bei jeder möglichen Auseinandersetzung binnen kürzester Zeit unterordnen. Das ist im Prinzip schon schlimm genug als Zustand, doch es geht weiter. Diese Phase ist quasi das kleine Frühstück des Meister-Manipulators. Wenn dir die neue Machtverteilung unbewusst in Fleisch und Blut übergegangen ist, du jeden möglichen Konflikt vorausahnst, ihn anschließend gekonnt umschiffst und schon bei Formulierungen wie »Der Himmel ist blau« sehr, sehr vorsichtig geworden bist, weil dies ein strittiges Thema werden könnte, geht dein Gegenüber zur nächsten Stufe über.

Ab jetzt beginnt die systematische Abwertung, die wie ein Maßanzug auf deine Unsicherheiten angepasst ist. Mit Anlauf bekommst du bei jeder Unterhaltung zu hören, was du schon immer befürchtet hast, an dir selbst nicht leiden kannst oder was du in der ersten Phase ehrlich gebeichtet hast. Das fliegt dir jetzt alles um die Ohren. Es beginnt mit kleinen Sticheleien, die mehr und mehr in jedes Gespräch einfließen. Wir haben keine Ahnung, wieso es funktioniert, aber nach einer Weile beginnst du, der einen oder anderen Abwertung Glauben zu schenken. Mit jeder neuen Nachricht frisst sich die Manipulation in deine Seele. Die Schlagzahl der Nachrichten nimmt zu. Reagierst du nicht, musst du mit einem ganzen Schwall von neuen Voicemails, Nachrichten auf WhatsApp oder E-Mails rechnen. Stell dir dein ehemals sicheres Zuhause als NATO-Hauptquartier mit roten blinkenden Telefonen vor.

Dein neuer Partner gibt dir so viel zu tun, dass du schon länger keine deiner Freundinnen gesprochen hast. Manipulation funktioniert eben nur, wenn man dich abgekapselt hat. Leider ist dieses Kapitel überhaupt nicht lustig. Wir raten dir, dir helfen zu lassen, falls dir dies alles bekannt vorkommt. Wahrscheinlich schadet ein Besuch bei einem Therapeuten nicht, sei ehrlich deinen Freundinnen gegenüber, geh die Sache an. Vielleicht funktioniert es nicht sofort, aber eins ist absolut klar: Du musst da raus, und zwar für immer!

Geteiltes Leid

Hi, na!

> Hey, Anton, wie geht's dir
> denn heute? Wie war dein Tag?

Oh, ich weiß gar nicht, wo ich
da anfangen soll. Es häuft sich hier.
Würde am liebsten alles hinschmeißen,
Arbeit ist wieder richtig ätzend, von
allem anderen will ich gar nicht erst
anfangen. Gisa meldet sich auch nicht
mehr, war ja zu erwarten. Jetzt habe ich
mich auch noch mit meinem
Vater überworfen, weil ich mich mal
zusammenreißen soll. Als wäre
das so leicht! Boah, und dann ist mir
eben noch eingefallen, dass ich
meinen Lieblingsschal verloren habe.
Ey, was denn noch?! Sorry, laber ich
dich damit gerade voll?

Nö, nö. Ist voll okay, lass es raus.
Aber das wird schon alles. Das
Projekt ist doch eh bald zu Ende,
mit Gisa bist du jetzt seit vier Jahren
nicht mehr zusammen, und dein
Vater wird sich auch wieder abregen.
Dein Schal liegt hier bei mir, aber wir
sehen uns ja sowieso gleich!

Ich will dich echt nicht mit meinem
Scheiß belasten, aber es kommt
gerade einfach alles zusammen.
Bist du mir böse, wenn ich es nicht
zu unserem Abendessen schaffe?
Du hast doch noch nicht gekocht, oder?

Doch. Deinen Schal.

Hey, wie geht's dir denn so?

Na ja, ich komme echt gerade
nicht in die Gänge, ich hasse
meinen Job, wie immer,
alles schwierig, müsste
wenigstens mehr Sport machen.

Hi, hab gerade an dich gedacht,
wie geht's dir?

Es ist schwierig, besonders
mein Job, geht so. Ein bisschen Sport
oder Bewegung würde mir mal guttun.

> Huhu, it's me. Wie geht's,
> wie steht's?

Ach, alles nicht so easy.
Hab schon ewig keinen Sport mehr
gemacht, im Job ist alles scheiße
und sonst auch alles schwierig.

> Hi, ich dachte gerade an dich.
> Hast du Lust auf ein bisschen
> Sport zusammen? Laufen oder so?

Prinzipiell schon. Aber es ist
gerade alles so schwierig.
Besonders im Job. Sport
schaffe ich deswegen auch nicht.

Frauen wird ja gerne ein Kümmergen unterstellt, weshalb sie also von Natur aus gerne für andere Menschen
sorgen. So als hätte es nichts mit geschlechtsspezifi-
scher Erziehung oder gesellschaftlichen Prägungen
zu tun, sondern mit Biologie. Wir sind keine Gene-
tikerinnen, aber auf den Beweis, dass der Grund für
52,4 Prozent mehr unbezahlte Sorgearbeit auf dem

X-Chromosom zu verorten ist, sind wir schon sehr gespannt.

Auf der anderen Seite sieht es aber auch nicht viel erfreulicher aus. Männer können sich zwar auf eine deutlich höhere Rente freuen, aber bis dahin fällt es ihnen sehr viel schwerer, mit dem Kummer im Büro umzugehen. Schmerz, Ängste oder Trauer finden in Männergesprächen leider viel zu häufig nur dann statt, wenn die K.-o.-Phase der Champions League beginnt. Na ja, es ist ja auch kein Wunder. Wenn Eltern ihren kleinen Söhnen den Quatsch mit »ein Indianer kennt keinen Schmerz« erzählen, hat man halt den Salat. Wie sollen sie bei einem solchen Vorbild lernen, zu trösten und getröstet zu werden? Abgesehen davon kennt wohl kaum jemand so gut Schmerz wie die indigenen Völker Amerikas. Aber mangelndes Geschichtswissen soll jetzt mal nicht unser Thema sein.

Jedenfalls haben viele Frauen einen Stefan in ihrem Freundeskreis, der nicht weiß, wohin mit seinem Kummer. Stefan hat wie jeder Mensch Probleme, aber wenn er die seinen Freunden gegenüber andeutet, dann hauen sie ihm ein paar Mal kräftig auf den Rücken, was ihrer Vorstellung von einer Umarmung am nächsten kommt. Patsch, patsch, patsch und immer schön nach vorne gucken, wird schon wieder, nur nicht den Kopf hängen lassen, Bruder! Dass sie ihm nicht auch noch den Indianerquatsch erzählen, ist gerade alles.

Was macht jetzt ein erwachsener Mann in dieser

Situation? Er überzeugt seine Kumpels, mit ihm eine Selbsthilfegruppe zu besuchen, damit sie lernen, über ihre Gefühle zu reden. Parallel macht Stefan noch eine unterstützende Therapie, die ihm bei seiner Kummerbewältigung hilft.

Scherz. Stefan wendet sich natürlich an dich. Immerhin trägst du doch das Kümmergen in dir!

Eigentlich seid ihr ja gar nicht sehr eng befreundet gewesen, aber als er einmal betrunken sein Herz vor dir ausgeschüttet hat, hast du ihm deine Nummer gegeben und gesagt, er könne sich ruhig jederzeit melden, wenn er mal reden wolle. Seitdem bist du Stefans ganz persönliches Sorgentelefon, aber natürlich nur schriftlich. Er ist ja kein Freak.

Nun brummt dein Handy jedes Mal, wenn Stefans Chefin wieder ätzend war, wenn ein Date schlecht lief, wenn er nicht zum Vorstellungsgespräch eingeladen wurde oder wenn er seine Traumwohnung doch nicht bekommen hat. Binnen kurzer Zeit wirst du sein Berufs-, Liebes- und Lebenscoach. Du siehst dich als eine Mischung aus Karamo, Bobby, Antoni, Tan und Jonathan in einer Person. Nur nicht so gut angezogen und deutlich schlechter bezahlt. Aber du profitierst ja auch davon. Stefan bietet dir die perfekte Ablenkung von deinen eigenen Problemen. Bei ihm weißt du immer sofort, was jetzt zu tun ist.

Während du selbst keine Ahnung hast, wie du dich jemals aus deinem mittelklassigen Job und deiner noch mittelklassigeren Beziehung befreien könntest, fällt dir bei Stefan alles leicht. Er schreibt dir, was ihn bedrückt, und du antwortest ihm, wie er es abstellen kann. Es könnte alles so schön sein, gäbe es nicht ein kleines Problem: Stefan hat gar nicht vor, deine Ratschläge in die Tat umzusetzen. Es geht ihm nicht darum, einen neuen Job zu finden, eine feste Freundin oder endlich mal eine Frisur, die zu ihm passt. Er will nur darüber schreiben, wie schlimm er es hat, und dann möchte er umarmt werden ohne dieses alberne Rückengeklopfe.

Deine Antworten an ihn leitest du nämlich immer mit mitfühlenden Worten und mehreren lieben Emojis ein: Armer Stefan, schon wieder so ein Mist, ach Mensch, ich drücke dich, Küsschensmiley, Küsschensmiley, Küsschensmiley.

Nur bis hierhin liest er deinen Text und fühlt sich danach besser. Die folgenden zehn Absätze, in denen du ihm einen ausgefeilten Plan vorstellst, wie er solchen Situationen in Zukunft entgehen kann, sehen dagegen für ihn alle so aus: Bla, Bla.

Du könntest dich jetzt natürlich darüber ärgern, dass er sich gar nicht ändern möchte und du all deine Energie in die Ausarbeitung kluger Lebenstipps gesteckt hast, die niemals beherzigt werden. Aber du könntest auch … ach nee, vergiss es, ärgere dich ruhig erst mal darüber und schwöre dir, dass du deine Söhne einmal anders erziehen wirst. Selbst wenn es nur Katzen- oder Zwergkaninchensöhne sind.

Aber danach machst du dir endlich mal deine ganze Kümmererziehung zunutze, und zwar, indem DU alle deine weisen Lebenstipps beherzigst. Du liest dir noch mal in Ruhe durch, was du Stefan alles geraten hast, und setzt es dann einfach selbst um. Sei deine eigenen Fab Five! Befreie dich aus Jobs und Beziehungen, die dich nicht glücklich machen, und bereite dir außerdem ein perfektes Avocadosandwich zu.

Stefan kannst du aus deinem neuen erstklassigen Leben heraus natürlich trotzdem noch ab und zu tröstende Nachrichten schicken. Der Arme hat es ja nun wirklich nicht leicht.

Die Massen-
karambolage

Tut mir leid, dass es dir
schlecht geht.

Verarschen kann ich
mich alleine.

Hä? Ich meinte
das ernst.

Ich kenne dich doch.
Ich weiß doch, wie du
das meinst. Wieder typisch du!

Ok, das bringt wohl nichts
mehr. Ich beende das jetzt.

Kannst du nicht, denn ich
habe es schon beendet.

Wenn du ein eher gemütlicher, friedfertiger Mensch bist, kannst du hier direkt aufhören zu lesen, dann eignest du dich leider nicht für die Massenkarambolage. Falls du alte Aggressionen aus deiner Kindheit oder früheren Beziehungen neu entfachen möchtest, könnte die Massenkarambolage genau deine Art von Nachricht sein.

Zuerst ist es wichtig, dass du auf Selbsterkundung gehst und nach deinen wunden Punkten suchst. Dies sollte möglichst unreflektiert geschehen, also ohne deine Empfindlichkeiten zu hinterfragen oder gar aufzuarbeiten. Du brauchst sie frisch, schmerzend und irgendwann klaffend. Unnötige therapeutische Ansätze, die dich die Traumata von früher vergessen lassen oder dich schlimmstenfalls in eine Art inneres Gleichgewicht bringen würden, sind hier völlig fehl am Platz.

Sobald du mindestens drei bis vier grundsätzliche Lebensthemen gefunden hast, die dich innerhalb von Sekunden in eine von Flammen umloderte Rachegöttin mutieren lassen, ist der erste wichtige Schritt bereits vollzogen. Das ist der Startschuss für deine große Suche. Du hast jetzt die Aufgabe, den einen Menschen zu finden, der in deinen drei Wutpunkten genau gegensätzlicher Ansicht ist, ja am besten deine Standpunkte zu hundert Prozent und dies auch möglichst schmerzhaft zum Ausdruck bringen kann.

Deine Suche wird nicht leicht sein, sie wird dir viel Geduld abverlangen, und sie wird von Rückschlägen gekennzeichnet sein. Nicht jeder Mann, der dir auch nach kurzer Zeit schon auf die Nerven geht, hat das Zeug zu einer ordentlichen Massenkarambolage. Nein, du willst jemanden auf Augenhöhe. Das bedeutet, dass ein Nachrichtenschreiber gefunden werden muss, der in der Lage ist, ohne Skrupel und Bedenken auf deine zehn besten Beleidigungen sofort mit noch härteren Geschützen zu kontern. Erst wenn dir vor Wut bei seinen Nachrichten minutenlang die Luft wegbleibt und du geschätzte zehntausend beleidigende Zeichen pro Sekunde in dein Handy hämmerst und das Ganze dann stundenlang mit immer neuen Verletzungen hin und her geht, dann und nur dann hast du ihn gefunden, deinen ärgsten Feind und Massenkarambolage-Partner: herzlichen Glückwunsch! Halte ihn dir warm und pflege ihn. Falls ihr gut zusammenpasst, kannst du irgendwann auf eine Hassliebe hinarbeiten (siehe das Kapitel »Hassliebe«).

Zum guten Ton während einer Session gehört selbstverständlich, dass beide Nachrichtenpartner mehrmals abwechselnd miteinander Schluss machen. Hier ist Vorsicht geboten. Behalte dein Ziel im Auge und lass dich nicht von eventuellem »mal drüber schlafen« einlullen. Nein, der Konflikt wird gebraten, wenn er heiß und fettig ist! Stellt sich einmal gegen 02:45 nachts eine nachdenkliche Pause ein, nachdem einer von euch die Sache beendet hat, musst du die Sache sofort wieder in Schwung bringen, indem du blitzschnell das tust, was du am besten noch einige

Male während dieser Karambolage tun wirst: Du zählst möglichst ohne zu lachen all die wundervollen Dinge auf, die euch verbinden. Du beschwörst eure ewige Liebe und bombardierst den anderen Teilnehmer mit alten Fotos von euch beiden oder mit irgendwas, was nach Romantik riechen könnte. Erfahrene Massenkarambolage-Fans legen sich hierfür einen Ordner an und stellen auch kunstvolle Fotomontagen von Liebesmomenten her, die es niemals gegeben hat. Die Echtheit der vorgelegten Beweise oder deiner Gefühle kontrolliert dein Gegenüber im Eifer des Gefechts sowieso nicht. Wichtig ist einfach, dass ihr immer wieder zusammenkommt und das Ganze von vorne losgehen kann.

Falls du einmal erschöpft sein solltest und glaubst, du hältst das alles nicht mehr aus, denk an berühmte Paare der Massenkarambolage, die das auch hinbekommen haben, wie zum Beispiel Liz Taylor und Richard Burton, Kermit und Miss Piggy oder Dieter Bohlen und dieser andere Mann. Wenn die das schaffen, schaffst du das auch!

Ich-Botschaften

Du, ich habe heute Nachmittag
ein Personalgespräch und habe Angst,
dass sie mir die Kündigung aussprechen. :(

Was für ein Zufall. Bei uns ist
im Büro die Klimaanlage ausgefallen,
und ich habe auch überlegt,
ob ich nicht kündigen soll.
Wie soll ich bei der Hitze arbeiten?

Na, ich wollte mich mal wieder melden
und dir erzählen, was bei mir so los ist.
Soll ich dich nachher mal anrufen?
Bist ja bestimmt auch gespannt,
was es in meinem Leben so
Neues gibt! Ciao

Wahrscheinlich hast du auch schon gehört, dass man mit Ich-Botschaften arbeiten soll, wenn man in einem Gespräch etwas erreichen möchte. Dieser Typ Mann hat das allerdings falsch verstanden, seine Botschaft lautet: ICH, ICH, ICH, ICH, ICH!!!

Schreibst du ihm zum Beispiel, dass es dir gerade schlecht geht, weil deine Oma gestorben ist, wird er dir mit einer langen Sprachnachricht antworten, dass es ihm auch gerade nicht gut geht. Er hat richtig schlimm Rücken. Ach, und wo ihr gerade beim Thema seid: Auch sonst ist so viel los bei ihm. Da ist schon wieder dieser alte Streit mit seiner Mutter, warum kann die seine Entscheidungen nicht respektieren? Sie nervt wirklich, neulich hat sie ihn schon wieder angerufen. Und dann überlegt er, was er nun mit dieser Wohnung macht, die er sich letztes Jahr gekauft hat. Soll er die selber nutzen oder lieber vermieten? Erst mal müsste da eine richtige Küche rein. Ob du vielleicht jemanden kennst, der so etwas planen kann? Eine Kochinsel wäre schön, und dann so Barhocker drum herum, am liebsten Designklassiker. Gar nicht so leicht, eine Wohnung stilvoll einzurichten. Neulich hat er auf Ebay eine Stehlampe ersteigert. Es ist wahnsinnig wichtig, eine gute Stehlampe als Statement Piece in der Wohnung zu haben. Dann kann der Rest auch vom Sperrmüll sein. Haha, kleiner Scherz! Aber eine Stehlampe ist schon wichtig. Und gute Lautsprecher natürlich. Da kommt jedenfalls schon einiges zusammen gerade. Mein Gott, nichts als Stress hat er. Immerhin hat er jetzt endlich einen guten Yoga-Kurs gefunden. Nicht so eine Mädchenscheiße, sondern echtes Training. Ohne Yoga ist er ja kein Mensch! Aber Slackline hat er neulich auch ausprobiert, das trainiert einfach richtig gut seinen Gleichgewichtssinn. Er muss zusehen, dass er gesund bleibt. Er kann ja praktisch gar nicht anders, als seinen Rücken als Warnsignal zu deuten. Er hat deshalb jetzt einige Bücher über gesunde Ernährung gelesen und möchte mit einem Bluttest herausfinden, welcher Ernährungstyp er ist. Er vermutet ja, dass er keinen Weizen essen sollte, aber bei Hülsenfrüchten ist er sich einfach auch nicht sicher. Damit fiele dann ja vegane Ernährung als Option weg, hätte er vielleicht eh nicht durchgehalten. Also dann doch mal Paläo ausprobieren?

Dann muss er sich auch endlich mal Gedanken darüber machen, wie es beruflich bei ihm weitergeht. Sind ja nur Idioten in seiner Agentur, da kann er unmöglich bleiben. Eventuell sollte er einfach selbstständig werden, aber Kunden sind ja auch immer so anstrengend, da macht er sich nichts vor. Seine Mutter ist jedenfalls dagegen, dass er sich selbstständig macht, aber warum die sich da überhaupt einmischt? Er ist dreiundvierzig, er kann seine eigenen Entscheidungen treffen. Sie muss einfach mal seine Grenzen akzeptieren. Aber er möchte nicht immer mit ihr streiten, immerhin ist sie seine Mutter. Jedenfalls ist er sich bei dem ganzen Stress auch gar nicht so sicher, ob er überhaupt so ein Beziehungstyp ist. Er dachte wirklich, mit dir sei das vielleicht anders, aber wahrscheinlich würde er dich eh nur enttäuschen. Er kann ja schließlich auch nicht aus seiner Haut. Vielleicht muss er sich jetzt erst mal zurückziehen und sich um seinen Rücken kümmern. Dafür hast du doch Verständnis, oder?

Der Ich-Botschafter hat dir damit gerade den größten Gefallen deines Lebens getan, aber du wirst noch einige Zeit brauchen, bis du das erkennen wirst. Immerhin war er doch so amüsant, interessant, nonchalant und bettgewandt. Oder?

Sein Erfolgsprinzip ist das eines schmissigen Radiolieds auf *heavy rotation*. Zunächst fällt es dir vielleicht gar nicht groß auf, dann hörst du es aber morgens beim Zähneputzen, auf dem Weg zur Arbeit, in der Mittagspause, bei H&M und, obwohl es gar nicht unbedingt dein Lieblingsgenre ist, musst du irgendwann mitsingen. Jedes verdammte Mal.

Der Ich-Botschafter bezirzt dich durch seine penetrante Dauerpräsenz mit seinem einzigen und liebsten Thema, sich selbst. Wie ein Popsong entführt er dich in eine Welt, in der du keine Probleme hast. Weil du da nämlich gar nicht existierst. Erst gefallen dir seine Offenheit und seine Redseligkeit. Er schickt dir selbstironische Nachrichten, ironische Oben-ohne-Selfies und macht Witze darüber, dass er so viel über sich schreibt. Oder hast du das nur in seine Nachrichten hineininterpretiert, und er meint das am Ende gar nicht so ironisch?

Bevor du das herausfindest, musst du seine Platte leider sehr oft anhören. So oft, dass sie anfängt zu leiern und dir mehr und mehr auf die Nerven geht. Nach den ersten schnellen Glanznummern des Ich-Botschafters folgen in der Regel nämlich nur noch B-Seiten mit Neo-Folk, in denen er dir über seine vielen Leiden vorsingt. Aus me, me, me wird mimimi.

Der Unterhaltungsfaktor des Ich-Botschafters sinkt rapide, wenn du erst mal feststellst, dass er seinen ganzen Charme eigentlich nur für sich selbst einsetzt. In den vielen vermeintlich lustigen Nachrichten, die du von ihm bekommen hast, flirtete er nämlich gar nicht mit dir, sondern mit deiner positiven Reaktion auf ihn. Wenn er für dich ein Popsong ist, bist du für ihn eine Frontkamera. Aber natürlich nicht so eine, die du morgens aus Versehen öffnest und dann vor Schock fast stirbst. Sondern so eine, die den Weichzeichner auf volle Pulle gedreht hat und die du erst anstellst, wenn du das Smartphone schon im perfekten Winkel hältst, mit ausreichend Licht von hinten, versteht sich.

Als Fluchtmöglichkeit aus der Realität ist der Ich-Botschafter zugegeben deutlich gesünder und billiger als Heroin. Wahrscheinlich auch als Crystal Meth. Aber schon bei Weißwein oder Gras wären wir bereits nicht mehr so sicher, zu was wir dir eher raten würden. Vielleicht schaffst du es, die Nachrichten des Ich-Botschafters wie einen Roman zu betrachten, als autobiografischen Text eines Mannes, der sich einfach sehr für sich selbst interessiert. Dann könntest du diese Nachrichten abtippen, sie unter männlichem Pseudonym (zum Beispiel Carl Ole Gausknard?) Verlagen anbieten und dir mit den Verkaufsmillionen richtig guten Weißwein kaufen. Oder eben gutes Gras.

Die Volkshoch-
schule

Foto eines sehr alten Mannes
am Kartoffelstand vom Biomarkt

> Wer ist das? Oder brauchen
> wir noch Kartoffeln?

Das ist Murat vom Kartoffelstand.
Ich fand, dass er ein wahnsinnig
interessantes Gesicht hat.

> Falls er auch gute Kartoffeln hat,
> bring mir bitte welche mit.

Foto einer Taubenfeder

> Oh nein, haben die Tauben
> wieder auf mein Fahrrad gekackt?

Nein, ich fand es interessant,
wie die Feder einfach so dalag.

Weihnachtsgeschenk: Ein schreckliches Foto
von dir, wie du eine Wurst isst, auf zwei mal
drei Meter in Schwarz-Weiß.

Okay, ich mach Schluss.

Bei der Volkshochschule handelt es sich um ver-
träumte Stadtansichten, um Aufnahmen von runze-
ligen Gesichtern alter Fischer in Italien oder von
irgendwas, das so aussehen soll wie von Banksy. Der
Absender, der dir diese selbst gemachten Fotos auf
WhatsApp schickt, ist ein verkannter Künstler, der
von dir erwartet, dass du jedes kommentierst mit:
»Oh, wieso hängt das nicht im Museum?«, oder: »Hast
du mal überlegt, das hauptberuflich zu machen?«,
oder: »Vielen Dank für den eingerahmten zwei mal
zwei Meter großen Abzug deines Sonnenuntergangs
auf Rügen/des stillgelegten Bergwerks in Bottrop/
dem ehrlichen Fischergesicht.«

Der Vertreter der Volkshochschule kann ein Unter-
nehmensberater sein, fast noch schlimmer ist es, wenn
er ein Anwalt oder ein Psychotherapeut ist, der seine
eigentliche Karriere im humoristischen Bereich sieht.
Das sieht dann so aus: Du wirst mehrmals täglich
vollgemüllt mit hölzernen Bonmots, Schüttelreimen,
politischem Kabarett und anderen schrecklichen Sachen. Wenn du Pech hast, hat er noch mehrere geniale
Filmideen. Diese werden mit unglaublicher Selbst-

überschätzung vorgetragen. Natürlich schreibt er den internationalen Zehnteiler oder den geistreichen Roman über sein Leben nur nicht auf, weil ihm aufgrund seiner Kanzlei-, Praxis- oder Beratertätigkeit einfach die nötige Zeit fehlt. Am nötigen Talent oder jahrzehntelang zu erlernendem Handwerk fehlt es natürlich keinesfalls.

Mit der Volkshochschule klarzukommen wird dir ein hohes Maß an Selbstverleugnung abverlangen und ist nur empfehlenswert, wenn es als Entschädigung ab und zu guten Sex gibt. Ansonsten ist diese Konversation wie ein nie enden wollender Dia-Abend bei deinen Bildungsbürger-Nachbarn Wiebke und Johannes. Es macht einfach keinen Spaß und tötet still und leise jegliches Interesse an richtiger Kunst auch mit ab, weil du einen hartnäckigen Widerwillen entwickelst, Dinge zu betrachten, egal was. Steffen hat dir das mit seinen hässlichen Fotos einfach ein für alle Mal vermiest.

Insgeheim hast du auch Schiss, dass Steffen eventuell wirklich Banksy ist. Das wäre sehr enttäuschend, aber möglich. Was man aber auf alle Fälle mal nicht ganz ohne Bewunderung feststellen muss, ist das immense Ausmaß von Steffens künstlerischem Selbstbewusstsein. Das hättest du auch gerne, wo du ja schließlich von kreativer Arbeit leben musst. Mist.

Umgekehrt funktioniert die Sache aus rätselhaften Gründen leider nicht, was schade ist. Warum solltest du denn eigentlich nicht mit Steffen darüber sprechen, ob du mal als Hobby ein bis zwei Unternehmen beraten könntest? Dann hätte er auch mehr Zeit für seine Kunst. Du könntest auch seine Kanzlei führen, während er an seiner Version von *Scarface* arbeitet.

Dies führt uns auch schon direkt zu unserer Empfehlung: Wenn die Volkshochschule dich zu sehr nervt beziehungsweise Steffens riesiges Ego einfach zu viel Platz in deinem Gehirn einnimmt, mach das, was die großen Unternehmen machen: Lob ihn einfach weg. Stoß ihn endlich aus dem Nest und sag ihm, dass sein Talent vergeudet ist in der Kanzlei, sag ihm: »Steffen, jetzt bist du mal dran! Jetzt geht es einmal nur um dich!«

Sobald er dann in seinem ersten kreativen Beruf gelandet ist, bist du ihn für immer los. Er wird einfach keine Zeit mehr für dich haben. Wie denn auch? Das Treatment muss bis Mittwoch fertig werden, der Abgabetermin beim Theaterwettbewerb rückt näher, und eine Fotoausstellung im Hobbykeller plant sich auch nicht von alleine. Los, Steffen, versuch mal, von dem ganzen Kram zu leben! Ich führe derweil deine Kanzlei und beschwer mich über zu viel Balsamico im Salat vom Borchardt.

Die Singlemach- maschine

Meine Freundin ist heute in Hamburg.
Kommste noch rum? 😊

Fuck, das sollte nicht an dich gehen.

Anna? Geh bitte ans Telefon!!

Jetzt kann ich nicht schlafen, weil ich mich
immer noch so über dich ärgere!! Warum
kannst du nicht einmal pünktlich kommen?
(1:10 Uhr)

Lässt du mich absichtlich immer
warten? Bin ich dir so unwichtig??
(1:27 Uhr)

Ich glaube, es ist besser, wenn wir
uns nicht mehr sehen!
(1:42 Uhr)

Guten Morgen! Was war das denn?
Ich hatte doch nur die U-Bahn verpasst.
(7:17 Uhr)

Es gibt so viele Trennungsgründe: unterschiedliche Zukunftsvorstellungen, Fremdgehen, Routine, Lügen oder seine Katzenhaarallergie. Oft ist es auch einfach das langsame Absetzen der rosaroten Brille nach ungefähr dem zehnten Treffen. Dating ist ja ein Prozess, bei dem man sich so lange mit jemandem trifft, bis man herausgefunden hat, was mit ihm nicht stimmt.

Wenn das in deiner Beziehung aber alles kein Problem ist und du dir wünschst, dass erst der Tod euch scheidet, dann blockierst du deinen Partner am besten sofort auf allen digitalen Kanälen. Sag ihm, du möchtest nur noch persönlich mit ihm kommunizieren, alternativ fernmündlich oder per Brieftaube. Damit reduzierst du die Chancen auf eine Instanttrennung deutlich.

Ein kleiner Streit in der Partnerschaft wirkt in Verbindung mit Textnachrichten nämlich wie Cola mit Mentos. Du würdest zum Beispiel niemals nachts aufstehen, dich anziehen und durch die halbe Stadt fahren, um deinem Freund zu sagen, dass er der größte Lurch aller Zeiten ist, weil er am Nachmittag zuvor dein neues Kleid kritisiert hat. Du würdest irgendwann einschlafen und am nächsten Morgen über seinen schlechten Geschmack lachen. Wenn du dich aber wegen dieser Bemerkung um ein Uhr noch wütend im Bett wälzt und dann zu deinem Smartphone greifst, liegen zwischen dir und einem Singleleben nur noch circa fünf SMS.

Textnachrichten sind eine Erfindung der Scheidungsindustrie. Dating-Apps bringen uns zusammen, Messenger-Apps bringen uns auseinander. Immerhin müssen wir schriftliche Botschaften interpretieren, ohne dass uns Gestik, Mimik und Tonlage dabei unterstützen. Missverständnisse sind da im wahrsten Sinne des Wortes vorprogrammiert. Selbst Emojis helfen wenig, auch ein Lachsmiley könnte böse sein. Wir können sehen, wann jemand unsere Nachricht gelesen hat und wann er online war. Autokorrekturen fügen unbemerkt den Namen von Ex-Partnern ein, man überliest etwas oder drückt zu schnell auf Senden. Überall lauern Gefahren. Außerdem haben Texte im Vergleich zu Gesprächen einen weiteren entscheidenden Nachteil: Nachrichten werden gespeichert. Solange du nicht voller Zorn euren Chatverlauf löschst, kannst du jederzeit nachlesen, was er dir wann geschrieben hat. Und er kann es auch.

Bei jedem Blick aufs Handy siehst du nun, dass er dir vorhin wirklich keinen Kusssmiley zurückgeschickt hat. Klar, keine große Sache, das passiert. Vielleicht war er nur in Eile oder unaufmerksam. Ha. Wahrscheinlich war er gerade abgelenkt, weil er wieder mit seiner Arbeitskollegin gechattet hat. Rein freundschaftlich natürlich. Nee, ist klar. Und warum hat er gestern nur »Guten Morgen!« geschrieben und nicht »Guten Morgen, Schatz«? Wie viel Distanz will er noch aufbauen?! Soll er doch gleich sagen, dass er nicht mehr will. Und während du schon in Gedanken deine Sachen packst, denkt er noch, ihr chattet gerade nett übers Kinoprogramm.

Wenn dir also etwas an deiner Beziehung liegt, dann rufe ihn an, mach ein Treffen mit ihm aus und lösch danach seine Nummer. Aber aus Liebe. Nicht aus Wut wie in deinen vergangenen acht Beziehungen, nachdem ihr per WhatsApp gestritten habt.

Ausweichmanöver

Bin unterwegs in deiner Hood.

Cool, wo denn?

Was geht bei dir so ab?

Nicht viel. Wo bist du denn?

(Pause von drei Stunden.)

Noch wach?

Ja. Sehen wir uns?

(Pause bis zum nächsten Tag.)

Hey, gestern war's noch lang,
hätte dich gerne gesehen.

———————————————

Wann treffen wir uns?

Bin in Frankfurt.

Ok.

Wo bist du gerade? In Berlin oder in Dublin?

Ich habe heute an dich gedacht.

Wie schön, was hast du denn gedacht?

Wie geht's dir so?

Wenn du dir die Hände mit Vaseline einreibst, ein bisschen Gleitgel darüberschmierst, sie dann in einen großen Bottich mit Wackelpudding tauchst und versuchst, einen Schleimpfropfen vom Boden zu fischen, hast du ungefähr eine Vorstellung davon, wie die Kommunikation mit einem Ausweichmanövristen aussieht. Er entzieht sich deinen Fragen, wechselt das Thema, antwortet gar nicht oder vage. Egal, welche Informationen du dir von ihm erhoffst, du wirst sie höchstwahrscheinlich nicht bekommen. Warum Menschen das machen? Keine Ahnung. Wir haben zwar viele gefragt, warten aber immer noch auf deren Antwort.

Das Ausweichmanöver ist eigentlich geschlechts-neutral, aber wie bei so vielem wird das Geschlecht dann doch unnötigerweise in die Sache mit hinein-gezogen. Es ist wie mit unseren Haaren. Die meisten Menschen haben welche, egal ob weiblich, männlich oder nichtbinär. Aber wer glaubt, dass man Haare dementsprechend geschlechterübergreifend waschen könne, hat die Rechnung ohne die Kosmetikindustrie gemacht. Frauen haben die Wahl zwischen Shampoo für feines, trockenes, blondes, empfindliches, stump-fes, welliges, fettiges, coloriertes, strapaziertes oder stumpfes Haar. Männer dagegen müssen sich nur ent-scheiden, ob auf ihrer Flasche Shampoo lieber Power oder Energy draufstehen soll. Im Zweifel ist ihr Sham-poo sogar für Haare, Haut, Gesicht und Motorwäsche geeignet.

Im Falle des Ausweichmanövers spielen nun wir selbst die Rolle der Kosmetikindustrie und bieten auf dasselbe Verhaltensmuster zwei völlig verschiedene Reaktionen an. Ständig ausweichende Freundinnen, die auf unsere sehr konkreten Fragen ebenso unkon-kret antworten, stecken wir schnell in die Schrulli-Schublade. Wir finden sie im besten Falle verschroben, aber eigentlich eher nervig, weil sie unsere Erwartun-gen unterlaufen. Warum sagt sie uns denn nicht, was nun mit ihrem Job ist, wann wir uns treffen, wie es ihr geht, ob sie noch mit diesem Typen zusammen ist, wann sie im Urlaub oder warum sie gerade in Leipzig ist, wenn sie doch in Schleswig wohnt?

Eine Frau, die so ausweichend kommuniziert, ertragen nur die wenigsten unter uns als enge Freundin. Also hören wir entweder auf, Fragen zu stellen, und entfernen uns Stück für Stück von ihr, oder wir fahren die gegenteilige Strategie und stellen ihr die Frage einfach hartnäckig so lange, bis wir eine für uns befriedigende Antwort bekommen. Dann entscheidet unsere Lust auf Konfrontation über den weiteren Verlauf der Freundschaft.

Handelt es sich bei der ausweichenden Person jedoch um einen Mann, dann hallöchen, wie geheimnisvoll und mysteriös ist denn bitte dieser interessante Mensch! Seine Unnahbarkeit zeigt doch nur, dass er sehr verletzlich ist. Oder vorsichtig. Oder mit einem großen Freiheitsbedürfnis ausgestattet. Warum auch immer, aber wenn er unsere Fragen nicht beantworten möchte, dann ist das sein gutes Recht. Das akzeptieren wir voll und ganz! Also antworten wir auf seine Ausweichmanöver viel verständnisvoller, als gut für uns wäre. Wir lassen es zu, dass er uns hinhält, und spielen das Spielchen mit. Nach seinen Regeln, versteht sich. Wir stellen ihm eine Frage, er ignoriert sie und schreibt über etwas ganz anderes oder antwortet erst mal gar nicht. Trotzdem bleiben wir höflich und haken nicht nach. All unsere Versuche von konkreten Antworten oder Verabredungen laufen ins Leere. Am Ende sieht unser Chatverlauf mit dem Ausweichmanövristen aus, als hätten wir uns mit einem schlecht programmierten Bot geschrieben, der auf Fragen einfach mit zufälligen Textbausteinen reagiert. Das Ausweichmanöver reizt uns zunächst, weil wir nie wissen, woran wir jetzt eigentlich sind. Allerdings wird es nach und nach immer anstrengender, eben weil wir nie wissen, woran wir jetzt eigentlich sind.

Aber was sollen wir tun? Wir wollen ihn ja auf keinen Fall bedrängen, sonst wirken wir am Ende noch unentspannt, zickig oder untervögelt. Doch was wäre denn eigentlich schlimm daran? Jeder Mensch ist doch mal unentspannt, zickig oder untervögelt. Mitunter sogar mehrmals am Tag.

Wenn du Verbindlichkeit magst, dann ist Kommunikation mit dem Ausweichmanövristen einfach nichts für dich. Das macht dich aber nicht zu einer klammernden Spießerin und ihn zu einem coolen Typen. Coolness wurde nämlich in den Neunzigern abgeschafft, falls du das noch nicht mitbekommen hast. Jetzt ist er nur ein Mann, der sich nicht festlegen kann oder möchte, und dann passt er vielleicht besser zu deiner Freundin, die dir auch nie auf deine Fragen antwortet. Du könntest beide ja mal fragen, ob du sie miteinander bekannt machen sollst ... Ach ja, okay, vergiss es.

Die Herrklärung

Hier ist der Song, den ich
dir zeigen wollte. Du musst
auf den Rhythmus und die
Instrumente achten und auf den Text!

Danke. Ich weiß,
wie man Musik hört.

Fuck. Bin auf der Weihnachtsfeier,
und mein Chef gräbt mich an.

Bist du dir sicher? Vielleicht
versucht er auch einfach nur, nett zu sein.

Was auf US-amerikanischen Blogs und Social-Media-Kanälen als Scherz unter Frauen begann, hat sich mittlerweile bis in die testosteron-vermufftesten Ecken Deutschlands herumgesprochen: Mansplainer sind Männer, die Frauen gerne die Welt erklären. Sie gehen davon aus, dass Frauen einfach von Natur aus weniger wissen als sie, und erhellen uns daher bei jeder Gelegenheit.

Das Wissen um Mansplaining führte aber leider nicht dazu, dass diese Männer uns weniger erklären, sondern sie beginnen jetzt ihre ungebetenen Vorträge mit: »Ich will ja nicht mansplainen, aber ...« Das »aber« kennst du vielleicht schon aus berühmten Sätzen wie: »Ich bin ja kein Rassist, aber ...«, oder: »Ich will dich ja nicht angreifen, aber ...« Es ist jedenfalls ein ausgezeichneter Hinweis darauf, dass es an der Zeit ist, die Konversation zu beenden. Schnellstmöglich.

In einer direkten Kommunikationssituation wie etwa einem Gespräch oder Telefonat ist das zumeist problemlos möglich. Einfach umdrehen, weggehen oder auflegen. Bei Nachrichten von Männern ist es da schon schwieriger. Je nachdem, welches Kommunikationsmittel sie wählen, werden ihre schriftlichen Herrklärungen mehr oder weniger ausführlich auf dich einprasseln, und du musst andere Wege finden, um ihnen zu entgehen.

Für Herrklärer sind Textnachrichten ein denkbar schlechtes Medium, weil sie da nicht einfach unbeirrt immer lauter weitersprechen können, wenn du versuchst, ihnen zu erklären, dass du das schon weißt. Außerdem liegt bei Messenger-Apps eine gewisse Zeichenbegrenzung in der Natur der Sache. Kein Mann wird dir seine zehntausend Zeichen lange Er-

klärung per WhatsApp schicken (hoffentlich). Stattdessen sieht der Chat in der Regel ungefähr so aus:

Ach, danke. Mir geht's gut! :)
Ich habe gestern mal wieder ein
bisschen gelesen. Macht man ja
viel zu selten irgendwie.

Ich will ja nicht mansplainen,
aber wir »lesen« viel mehr als
früher. Man liest ja auch auf
elektronischen Geräten, und
deshalb ist es einfach falsch
zu behaupten, man lese viel
weniger. Folgende Texte empfehle
ich dir in diesem Zusammenhang:

Link zu einem englischen Blogbeitrag
über die Lesezeiten von Bergbauarbeitern
des späten 19. Jahrhunderts

Link zu einem wissenschaftlichen Aufsatz
über die durchschnittliche Smartphone-
Nutzung in deutschen Sinusmilieus
von der Universität Hannover

Link zum Wikipedia-Eintrag zu »lesen«
Link zum Wikipedia-Eintrag zu »Smartphone«
Link zum Wikipedia-Eintrag zu »E-Book«

Link zu seinem eigenen Facebook-Thread
zum Thema »Die Unterschätzung digitaler
Medien durch Menschen, die einfach
nicht so viel Ahnung haben wie ich«

Link zu einem Artikel von
»The Economist« über irgendwas.

Hallo? Hast du da mal reingeschaut
in die Texte, die ich dir geschickt habe?
Warum meldest du dich nicht mehr?

Huhu!!!

Bist du noch da?
Was sagst du zu den Texten?

Herrklärungen per E-Mail sind in der Regel aus-
führlicher und noch schwieriger zu umgehen, da sie
meistens aus deinem beruflichen Umfeld kommen. In
gefühlt jedem zweiten Büro sitzt ein Herrklärer mit
zu viel Zeit und wartet nur darauf, dass du dich mit
einer Frage an ihn wendest. Dann krempelt er sich die
Ärmel hoch, knackt mit den Knöcheln und legt mit
mindestens dreihundert Anschlägen pro Minute los.
Erst mal wird er dir mitteilen, dass er leider, leider für
die Beantwortung dieser Frage sehr weit ausholen
muss, denn soo einfach ist das nicht, mein Fräulein.

Deshalb muss er zunächst kurz mit einer Einführung in die Moralphilosophie des 18. Jahrhunderts beginnen, dann überschwenken zu einem Abstecher über die Anfänge des Internets, eine kleine Runde auf dem Themenfeld Vererbungslehre drehen, um dann langsam zu deiner Frage zurückzukommen, auf die er jetzt aber nicht so einfach antworten kann, weil du sie nicht genau genug spezifiziert hast.

Du, eine promovierte Philosophin mit jahrelanger Forschungserfahrung in Technikgeschichte und Genetik, wirst vor Wut weinend vor deinem Computer sitzen und dich fragen, warum dir dieser beknackte Admin jetzt nicht einfach sagen konnte, warum der Virenscanner im Büro gerade so lange braucht.

Das eigentliche Lieblingsmedium der Herrklärer aber sind Drunterkommentare bei Social-Media-Posts von Frauen. Das Internet ist geradezu ein Paradies für diese Männer. Ruckzuck hat der Mansplainer hier unzähligen Userinnen ungefragt Dinge erklärt und der Welt somit wieder einen großen Dienst erwiesen. Es ist unklar, wie wir Frauen vor der Erfindung von Social Media überhaupt denken konnten. Aber zum Glück ist jetzt alles anders, und wir können an ihrem Herrschaftswissen teilhaben. Wie das funktioniert? Ganz einfach!

Wenn du eine professionelle Fotografin bist und Bock auf Belehrungen von Männern hast, die schon mal eine Kamera aus dreißig Zentimetern Entfernung gesehen haben, dann empfehlen wir dir einen Account auf Instagram. Wenn du Politikwissenschaft-lerin bist und dich über Linksextremismus aufklären lassen möchtest, dann ab zu Facebook! Bernd aus Neumünster, der laut seinem Profil an der Schule des Lebens studiert hat, wartet schon auf dich. Wenn du dir von wildfremden Männern deine eigenen Witze erklären lassen möchtest, dann ist Twitter der Kanal deiner Wahl. Na ja, und wenn du dich einfach nur wahllos beschimpfen lassen möchtest, dann lade doch mal was auf YouTube hoch.

Wenn du trotz allem der Meinung bist, dass dir wildfremde Männer mit Comicavataren nichts un-gefragt mansplainen sollen, dann wird die Blockier-funktion deine neue beste Freundin. Sie erklärt dir nichts, sondern kämpft dir einfach schweigend den Weg frei in ein besseres, schöneres Internet.

Die unbeirrbare Klette

Auch wenn du gesagt hast, dass du eigentlich
keine Zeit hast, ein kleiner Kaffee lässt sich
doch immer einschieben?

Huhu, Schlafmütze, ich steh vor deiner Tür.

Bei dir ist ja noch Licht an.

―――――――――――

Hallo,
jetzt habe ich ja schon einiges versucht,
um mich nach deinem Befinden zu erkundigen,
aber irgendwie scheinst du den Kontakt mit
mir zu vermeiden. Deine Reaktion wirkt ja sehr
eindeutig, schade.
Falls du trotzdem wissen willst, wie es mir geht:
Ich habe niedliche Zwillinge (Fotos hängen der
Mail an), wohne in einem Haus bei Potsdam und
habe ein neues Start-up gegründet. Bis bald,
dein Rüdi

Nein, Andreas, als ich gesagt habe, dass ich das nächste ganze Jahr keine Zeit habe, habe ich damit nicht gemeint, dass ich von dir zum Stressabbau zu einem kleinen Picknick entführt werden will. Ich will gar nichts mit dir, und deswegen habe ich, weil ich ein höflicher Mensch bin, gelogen und so getan, als hätte ich zwölf Monate keine Zeit mehr. Das bedeutet übersetzt: »Lass mich bitte in Ruhe, Andreas!«

Es ist ganz rührend von dir, dass du den Wein, den ich mit dir getrunken habe, noch mal gekauft und überraschend den gleichen Tisch im Lokal reserviert hast. Das Problem ist einfach nur, dass ich schon während dieses ersten legendären Glases gemerkt habe, dass wir so viel gemeinsam haben wie mein Hund mit einem Delfin. (Wahrscheinlich haben die beiden im Gegensatz zu uns doch mehr gemeinsam, weil mein Hund genau wie der Delfin irre süße kleine Augen hat.)

Leider hat Andi bei besagtem erstem Weintreffen aus rätselhaften Gründen nicht wahrgenommen oder es einfach nicht eingesehen, dass da gar nichts läuft. Er fand eure komplett gegensätzlichen politischen Ansichten »total spannend«, er fand es »süß«, wie genervt du die ganzen zwanzig Minuten eures ersten Dates warst, und er fand es aufregend und mysteriös, dass du damals, eine fadenscheinige Entschuldigung murmelnd, von einer auf die andere Minute verschwunden bist.

Dummerweise hat Andreas zu seiner völlig verqueren Einschätzung solcher Situationen noch einen Haufen unfähiger Berater um sich, die ihm nach jeder noch so schroffen oder ungehobelten Aktion von dir empfehlen, »an der Sache dranzubleiben«. Dir wäre lieber, die Klette hätte Freunde, die einfach sagen: »Read the room, Andi, read the room!« Zumindest hätten sie ihm sagen können, dass keine bis über beide Ohren verknallte Frau plötzlich von einem heißen Date verschwindet, weil sie »morgen richtig fit fürs Büro sein will« oder in ihrer Wohnung unbedingt noch mal »klar Schiff« machen wollte. Auch die gute Freundin, die den schlimmen Liebeskummer hat, ist völlig frei erfunden. Nein, Andreas, sie liegt gerade erleichtert in ihrer mit Pizzakartons vollgestopften Bude und guckt Netflix, weil das schöner ist als ein halbes Glas Wein mit dir! Oder ein spontanes Picknick. Oder eine Radtour. Oder dieser wirklich sehr halbherzige Blowjob.

Falls du noch weiter gegangen bist und dummerweise aus Versehen die ganze Nacht mit Andreas verbracht hast, sitzt du richtig in der Klemme. Es nützt auch nichts, dass du bei deinem überstürzten Aufbruch behauptet hast, bei einem Kindergeburtstag helfen zu müssen. Die Klette hat dir das tatsächlich geglaubt. Sie glaubt dir alles, weil sie es glauben will. Natürlich weiß jeder Mensch, dass niemand, der ganz bei Trost ist, bei einem Kindergeburtstag hilft, das tut in diesem Fall aber nichts zur Sache. Andreas kann Subtext nicht lesen. Er weiß nicht, dass das dein Code ist für: Bitte, ruf mich nie wieder an!

Andreas' Problem ist das grundsolide Selbstbewusstsein vieler Männer, die deine zehn Millionen Selbstzweifel noch nie am eigenen Leib gespürt haben. Während du davon ausgehst, dass er dich nicht liebt, wenn er sich drei Stunden lang nicht gemeldet hat, kommt diesen Männern nur langsam das Gefühl, dass eine Frau vielleicht gar nicht an ihnen interessiert sein könnte. Manchmal erst drei Jahre, nachdem sie aus der gemeinsamen Wohnung ausgezogen ist.

Jedenfalls wäre die Sache mit der Klette dennoch ein nur halb so unwürdiges Unterfangen, wenn du einfach schonungslos ehrlich wärst und klar zu verstehen geben würdest, dass es keine Hoffnung auf ein Happy End mit dir gibt. Dem Ganzen steht eventuell im Wege, dass du ein leidenschaftlich konfliktscheuer Mensch bist, dem verbale Klarheit irgendwie unzivilisiert vorkommt. Dann weißt du eigentlich, dass du Teil des Problems bist. Die Klette kann auch ein ausbuchstabiertes »Nein« vor einem Ausrufezeichen nur sehr schwer erkennen, und du kannst es nicht buchstabieren. Wenn du an eine ausgeprägte Klette geraten bist, wird sie auch erst das fünfte ausgesprochene »Nein« oder »niemals« oder »nur über meine Leiche« überhaupt wahrnehmen oder akzeptieren.

Es gibt im Umgang mit der Klette genau drei Möglichkeiten: Erstens, du bleibst dieser liebenswerte, konfliktscheue Mensch, der du immer warst, und sprichst weiterhin in Codes. Dann kommst du leider nicht drum herum, Andi auch irgendwann konsequenterweise zu heiraten und mit ihm Kinder zu bekommen. Nicht, dass du das jemals gewollt hast, aber es wäre auch irgendwie unhöflich gewesen zu widersprechen. Blöd nur, dass wirklich niemand jemals bei Kindergeburtstagen mithilft!

Möglichkeit zwei ist: Du wechselst deinen Namen und ziehst in ein anderes Land. Leider besteht aber auch hier die Gefahr, dass Andreas dich findet und du ihn dann trotzdem heiraten musst. Siehe Möglichkeit eins.

Die letzte Möglichkeit ist die schwierigste und unangenehmste von allen. Du musst das sagen, was du denkst (auch wenn es fies ist), und damit Andis Lebensplanung wie ein Kartenhaus zusammenfallen lassen.

Aber Vorsicht: Andis Kartenhaus fällt langsam, sehr langsam, sehr viel langsamer als ein Groschen. Wenn du deine Abfuhren hundert Prozent ehrlich gestaltest, wird er sich trotzdem erst nach ein paar Monaten oder Jahren aus deinem Leben zurückziehen. Bis dahin bleibt er dran, er holt sich Kraft bei seinen Beraterfreunden und steht mit dem Picknickkorb vor deiner Tür oder will die Spargelsaison einläuten, er hat ja auch noch zwanzig Flaschen von eurem Wein zu Hause. Trotzdem, gib nicht auf, irgendwann ist er weg. Versprochen. (Falls nicht, siehe Möglichkeit eins und zwei.)

Der Dickpicer

Durchschnittlicher Penis vor Fliesenwand und Schuppenshampoo

Durchschnittlicher Penis auf hässlicher Bettwäsche, altersschwacher Gummibaum im Hintergrund

Durchschnittlicher Penis an einer Komposition aus vollem Aschenbecher und oben geschimmelter Kaffeetasse

»Und, wo hast du deinen Mann kennengelernt?«
»Ach, er hatte einen anonymen Twitter-Account, und von dem hat er mir eines Tages ungefragt ein Dickpic als direct message geschickt. Ich sah sein wunderschönes erigiertes Glied und dachte, dahinter müsse ein richtig toller Typ stecken. Also habe ich ihn sofort nach einem Date gefragt. Drei Monate später waren wir verheiratet.« (Keine Kommunikation jemals)

Ungefähr drei Sekunden nach der Bildnachricht wurde das Dickpic erfunden. Noch vor den Katzenmemes! Seitdem bekommen Mädchen und Frauen jeden Alters ungefragt Pimmelbilder von Unbekannten zugeschickt. Da steht dann der Schniedelwutz im Blitzlicht wie ein erschrecktes Tier vor der Kamera eines Naturfotografen, und wir sollen uns das angucken. Ächz.

Wenn es um ungefragt zugeschickte Penisbilder geht, wird viel darüber gerätselt, weshalb Männer das tun. Ob sie einfach nur unsicher sind, ob sie solche Fotos vielleicht reizvoll finden, ob sie damit einfach nur flirten wollen? Wenn du dich dafür interessierst, kannst du einfach »dickpic« googeln, und schon findest du mehr verständnisvolle Erklärtexte aus Frauenmagazinen, als es Penisse auf dieser Welt gibt.

Wir zitieren stattdessen zur Abwechslung lieber § 184 aus dem Strafgesetzbuch: »Wer eine pornografische Schrift an einen anderen gelangen lässt, ohne von diesem hierzu aufgefordert zu sein, wird mit Freiheitsstrafe bis zu einem Jahr oder mit Geldstrafe bestraft.« Die Flitzpiepen begehen also eventuell eine Straftat, und welche Gründe (Unsicherheit? Flirten? Einfach ein Macht ausübendes Arschloch sein?) nun genau dahinterstecken, ist dann gar nicht unser Problem, sondern das der Staatsanwaltschaft. Könnte uns ein Frauenmagazin bei Gelegenheit ja auch mal verraten.

Wenden wir uns für den heiteren Teil dieser Nachrichtenrubrik lieber den Dickpics unserer Ehemänner, Liebhaber, Freunde, Affären, Flirts und Lebensgefährten zu. Also Penisse, die wir tendenziell sehen möchten.

Wenn du jemals ohne Wissen mit einem Dickpicer angebändelt hast, wirst du die Situation vielleicht kennen. Du sitzt nichts ahnend in der S-Bahn und freust dich über seine Nachricht, die gerade auf deinem Smartphone aufgeploppt ist: Oh, ein Foto? Ob er mir wohl ein Bild seines niedlichen Hundes schickt? Oder ein süßes Selfie? Na, ich öffne es mal hier in der vollen S-Bahn, in der jeder auf mein Display gucken kann.

Spätestens jetzt ist ein guter Zeitpunkt, um mit dem Absender über die eigenen Vorlieben zu sprechen. Es sei denn, die eigene Vorliebe besteht darin, in vollen S-Bahnen Penisbilder anzugucken, aber da müsste man sich vorher § 184 auch noch mal genauer durchlesen. Für alle anderen empfiehlt es sich, vorab ein paar Absprachen zu treffen, um solche Situationen zu vermeiden.

Der Austausch intimer Bilder kann in der Fantasie sehr sexy sein, die Realität enttäuscht dagegen häufig. Du liegst in Jogginghosen auf der Couch, als er dir »send nudes!« schreibt. Weil dich das ein bisschen anmacht, ziehst du dein Schlabbershirt hoch und fotografierst deine Brüste. Dann schaust du das Foto an, löschst es, richtest die Stehlampe ein bisschen anders aus, drückst mit deinem Arm deine Brüste zusammen, wählst einen anderen Winkel und fotografierst noch mal. Dann löschst du auch dieses Foto, läufst in dein Schlafzimmer und ziehst da deinen durchsichtigen BH an. Damit legst du dich aufs Bett, dimmst das Licht, zündest eine, zwei, fünf, achtzehn Kerzen auf dem Nachttisch an, bis es hell genug für ein weiteres Foto ist. Dann schmierst du dich mit dem glänzenden Massageöl ein, probierst zehn verschiedene Stellungen aus, bis deine Brüste endlich groß, straff, wollüstig und verführerisch aussehen, und schießt vierhundert Fotos davon. Davon wählst du eins aus, bearbeitest es, setzt einen schönen Filter drüber, und nach nur eineinhalb Stunden hast du ein sexy Foto deines Busens, das du ihm schicken kannst.

Nach wenigen Sekunden bekommst du seine Antwort: ein unscharfes, überbelichtetes Foto seines Schwanzes, bei dem es dir unwillkürlich durch den Kopf schießt, dass sich auch nur ein Mann so etwas wie Penisneid ausdenken konnte.

Besonders für diejenigen unter uns, die schon über zwanzig sind, wird die Sache außerdem irgendwann eintönig. Wenn du anfängst, den Badezimmerfliesen oder dem Sofakissendesign im Bildhintergrund mehr Aufmerksamkeit zu widmen als dem Hauptdarsteller, weißt du, dass du in deinem Leben schon wirklich viele Hoden und Penisse gesehen hast. Und es ist erstaunlich, wie selten Dickpicer auf das Setting achten. Im Hintergrund die vermüllte Küche, an der Wand das gerahmte Foto mit ihm und seiner Freundin, die er doch angeblich gar nicht hat, interessante Medikamente neben dem Waschbecken oder Kontoauszüge auf dem Schreibtisch. Wer achtet denn da schon auf einen halbsteifen Durchschnittspenis im Bildvordergrund?

Man will den Dickpicern zurufen: Gebt euch doch mal mehr Mühe, überrascht uns! Ihr wollt sexy Dessous und Strapse? Dann klebt euch wenigstens ein paar lustige Kulleraugen auf die Familienjuwelen! Wie wär's mit Geschenkband drum, Kugelschreibertattoos, Glitter oder dem winzigsten Cowboyhut der Welt obendrauf? Der Penis interessiert uns meistens doch viel weniger als der lustige/charmante/kreative Typ, der da dranhängt. (Außer der Cowboyhut ist wirklich, wirklich cool!)

KATJA BERLIN, geboren 1980 in Berlin, ist Autorin und Kolumnistin. Sie absolvierte ein Studium der Politik- und Medienwissenschaften und startete 2010 zusammen mit Peter Grünlich den Graphitti-Blog mit lustigen Infografiken. Ihr erstes Buch *Was wir tun, wenn der Aufzug nicht kommt* verkaufte sich über 250 000 Mal. Vierzehn Bücher, darunter weitere Bestseller, folgten. Sie schrieb Kolumnen für das *Handelsblatt Magazin* und die *Berliner Zeitung*. Seit 2005 erklärt sie außerdem wöchentlich in *Die Zeit* mehr als zwei Millionen Lesern mit ihrer beliebten Grafikkolumne »Torten der Wahrheit« ihre Sicht auf Politik und Gesellschaft.

ANIKA DECKER, geboren 1975 in Marburg, lebt und arbeitet als Drehbuchautorin und Regisseurin in Berlin. 2007 gelang ihr mit ihrem sensationellen Drehbuchdebüt *Keinohrhasen* der Durchbruch, der Film zählt zu den fünfzehn erfolgreichsten deutschen Filmen aller Zeiten, auch die Fortsetzung *Zweiohrküken* war ein Publikumserfolg. 2015 debütierte Anika Decker als Regisseurin, der Film *Traumfrauen* nach eigener Vorlage war eine der erfolgreichsten Kinoproduktionen des Jahres. Darauf folgte ihre zweite Regiearbeit *High Society*, die auf Anhieb auf Platz eins der Kinocharts landete. Ihr erster Roman *Wir von der anderen Seite* schaffte es sofort auf die Bestsellerliste.